NOTICE

BIBLIOGRAPHIQUE

SUR LES DIVERSES ÉDITIONS DES OUVRAGES

DE .J J. ROUSSEAU,

ET SUR LES PRINCIPAUX ÉCRITS

RELATIFS A SA PERSONNE ET A SES OUVRAGES.

NOTICE

BIBLIOGRAPHIQUE

SUR LES DIVERSES ÉDITIONS DES OUVRAGES

DE J. J. ROUSSEAU,

ET SUR LES PRINCIPAUX ÉCRITS

RELATIFS A SA PERSONNE ET A SES OUVRAGES.

PAR A. A. BARBIER,

ANCIEN BIBLIOTHÉCAIRE DE NAPOLÉON, ET DE SON CONSEIL D'ÉTAT.

QUATRIÈME ÉDITION,

MISE DANS UN NOUVEL ORDRE, ET AUGMENTÉE

PAR M. LOUIS BARBIER,

SOUS-BIBLIOTHÉCAIRE DU ROI, AU LOUVRE,

ET PAR M. QUÉRARD.

PARIS,

TYPOGRAPHIE DE FIRMIN DIDOT FRÈRES ET Cⁱᵉ,

IMPRIMEURS DE L'INSTITUT DE FRANCE,

RUE JACOB, Nº 56.

M DCCC XXXVI.

NOTICE

DE J.-J. ROUSSEAU*.

ROUSSEAU (Jean-Jacques), citoyen de Genève, fils d'un coutelier de cette ville, l'un des écrivains philosophes les plus distingués du XVIIIᵉ siècle; né à Genève, le 28 juin 1712, mort le 2 juillet 1778, à Ermenonville, près de Paris, dans une petite maison dépendante du château de M. le marquis de Girardin.

OUVRAGES SÉPARÉS.

I. PHILOSOPHIE.

— * Discours qui a remporté le prix à l'Académie de Dijon, en 1750, sur cette question : Si le rétablissement des sciences et des arts a contribué à épurer les mœurs. Par un citoyen de Genève. *Paris*, 1750, in-4; — *Genève, Barillot*, 1751, in-8.
— Le même Discours. Nouv. édit., accompagnée de la Réfutation de ce Discours, par les apostilles critiques de l'un des académiciens examinateurs, qui a refusé de donner son suffrage à cette pièce (par LECAT). *Londres, Ed. Kelmarncek*, 1751, in-8. (*a*).

—

—Discours sur l'origine et les fondements de l'inégalité parmi les hommes. *Amsterdam, Rey*, 1755, in-8. — Nouv. édition. *Amsterdam*, 1762, in-12. (*b*).

Il y a des exempl. de l'édit. de 1755 sur gr. pap.

— Discurso sobre el origen y los fundamentos de la desigualdad de condiciones entre los hombres; puesto en castellano, por M***, revisto y corregido. *Paris, Rosa*, 1822, in-18, 2 fr. 50 c.

—

— Discours de M. J.-J. Rousseau, sur cette question : Quelle est la vertu la plus nécessaire aux héros, et quels sont les héros à qui cette vertu a manqué ? présenté à l'Académie de Corse, en 1751. *Amsterdam*, 1769, in-8.

—

—Discours (les trois) de Jean-Jacques. *Paris, rue de Richelieu*, n. 87, 1826, in-32, avec portr., 3 fr. 50 c.

Volume faisant partie d'une collection intitulée : « Orateurs français », et qui devait former 25 vol.

—

— Émile, ou de l'Éducation. *Amsterdam*, 1762, 4 vol. in-12. (*c*).

L'un des chefs-d'œuvre de Rousseau, contre lequel pourtant la critique s'est le plus acharnée, et celui de tous ses ouvrages qui lui suscita le plus de tribulations. *Émile* fut brûlé le 10 juin 1762, à Paris, et le 19 du même mois, à Genève. La postérité a rappelé de ce jugement; et depuis 1762, ce livre a été souvent réimprimé.

Voici la liste des éditions qui, à notre connaissance, ont été publiées postérieurement :

1° La Haye, 1762, 4 vol. in-8.

2° Paris, Duchesne, 1762, 4 vol. in-8 et 4 vol. in-12.

3° Genève et Bouillon, 1780, 4 vol. in-12.

4°   1787, 4 vol. in-18.

5° Paris, Laporte, 1789, 4 vol. in-18.

6° Lille, 1793, 4 vol. in-12.

7° Paris, 1794, 6 vol. in-12.

8° Nouv. édit. Paris, Crapart, Caille et Ravier, 1803, 5 vol. in-18, format Cazin, 10 fr. C'est la réimpression d'une partie des Œuvres de l'auteur, édition de 1781.

9° Paris, Didot l'aîné, 1808, 3 vol. in-18, sur pap. ord., 3 fr.; sur pap. fin, 3 fr. 75 c.; sur pap. vélin, 7 fr. 50 c; et sur gr. pap. vélin, format in-12, 10 fr. 50 c.; ou 1812, 3 vol. in-18, 3 fr. Édition stéréotype.

C'est encore cette édition, divisée en 4 vol., qui a été insérée dans la nouvelle « Bibliothèque des classiques français », publiée par le libraire Lecointe, en 1829.

10° Nouvelle édition, revue sur les éditions corrigées par l'auteur, et collationnée d'après ses manuscrits. Paris, veuve Lepetit, 1811, 6 vol. in-18.

10° Paris, de l'impr. de Crapelet. — Ledoux et Tenré, 1818, 3 gros vol. in-18, avec figures d'après Moreau, 10 fr.

11° Paris, veuve Dabo, 1823, 3 vol. in-12. Édition stéréotype.

12° Paris, Pigoreau fils, 1824, 4 vol. in-32, avec 4 gravures.

13° Paris, Menard et Desenne, 1824, 5 vol. in-12, avec 12 gravures, d'après Devéria, 12 fr. 60 c., et sur pap. vélin, 25 fr.; et 5 vol. in-12, avec gravures, 15 fr., et sur pap. vélin, 30 fr.. Édition faisant partie de la « Bibliothèque française », publiée par les mêmes libraires.

14° Paris, Masson, 1824, 6 vol. in-18. Reproduction d'une édition déjà publiée, peut-être celle de madame Lepetit.

15° Paris, Houdaille et Veniger, 1830, 3 vol. in-8, 6 fr. 75 c. C'est un tirage fait sur les clichés des frères Baudouin.

16° Paris, Hiard, 1831, 4 vol. in-18, 2 fr. 60 c. Édition faisant partie de la Bibliothèque des amis des lettres.

17° Paris, Lebigre, 1832, 4 vol. in-18, 10 fr.

—

— Le même. Nouv. édition, à l'usage de la jeunesse, avec des retranchements, des notes et une préface; par madame la comtesse de GENLIS. *Paris, r. Neuve-des-Petits-Champs*, n. 26, 1820, 3 vol. in-12, 10 fr.

* Dans cette Notice, nous ne citons les traductions des ouvrages de Rousseau qu'autant qu'elles ont été imprimées en France; l'indication de celles publiées à l'étranger lui donnerait trop d'étendue, et nous forcerait de sortir du plan que nous nous sommes tracé dans la rédaction de notre France littéraire. Il n'en est pas de même dans la nomenclature des ouvrages pour et contre Rousseau : tous les écrits publiés à l'étranger y ont été admis.

— Emilio, ó de la Educacion; trad. por J. MARCHENA. *Burdeos, P. Beaume,* 1817, 3 vol. in-12, 12 fr.

— El mismo, traducido nuovamente y aumentado de Emilio y Sophia, ó los Solitario, con una tabla de materias, por Rodr. BURON. *Paris, Tournachon-Molin,* 1824, 5 vol. in-18 con laminas, 14 fr.

——

— Émile et Sophie, ou les Solitaires; suite d'Émile, ou de l'Éducation. 1780, in-8.

Ouvrage posthume, qui se trouve déjà ajouté à l'édition d'Émile, Genève et Bouillon, 1780, et depuis dans presque toutes les éditions postérieures.

——

— Lettre de M. Rousseau à M. Grimm, sur la réfutation de son Discours (de 1750), faite par M. Gautier. 1751, in-8.

——

— Lettre de M. Rousseau sur la nouvelle réfutation de son Discours (de 1750), par un académicien de Dijon. 1751, in-8.

——

— Lettres écrites de la Montagne. *Amsterdam,* 1764-65, 2 part. in-12, et in-8. (d).

— Les mêmes. *Neufchâtel,* 1767, in-12.

Édition extraite du IXe volume des OEuvres de J.-J. Rousseau, édition de Neufchâtel, 1767.

——

— Mon portrait, morceau inédit, publié par M. Jules RAVENEL.

Imprimé dans la « Revue rétrospective », tom. V, prem. série, pag. 469. L'éditeur de ce morceau prépare une nouvelle édition des OEuvres de J.-J. Rousseau, qu'il doit enrichir de divers manuscrits découverts par lui, il y a quelques années, dans un voyage qu'il fit à Neufchâtel et à Genève. Ces manuscrits sont : 1° des *Pièces justificatives aux Confessions ;* appendice auquel Rousseau renvoie souvent dans le cours de son ouvrage; 2° des *Lettres* de Rousseau et des morceaux complétant les lettres déjà connues.

——

— Observations sur la réponse qui a été faite au Discours couronné par l'Académie de Dijon (de 1750), par le R. de P. (le roi de Pologne, Stanislas). 1751, in-8.

——

— Pensées d'un esprit droit et sentiments d'un cœur vertueux, par J.-J. Rousseau, ouvrage inédit, imprimé sur le manuscrit autographe de l'auteur; suivi d'un autre opuscule de Rousseau, intitulé : Mœurs-

caractères. (Publ. par M. VILLÆNAVE). *Paris, Fournier-Favreux,* 1826, in-8 de 96 pag., 2 fr. 50 c.

——

— Réponse au Discours de M. Borde....

Réimprimée, en 1752, à la suite du Discours de BORDE (voy. ce nom).

——

— Réponse (dernière) aux critiques de son Discours. *Paris,* 1752, in-8.

——

— Rousseau (J.-J.), citoyen de Genève, à Christophe de Beaumont, archevêque de Paris, etc. 1763, in-8. (e).

——

— Vicaire (le) Savoyard, tiré de l'Émile. *Leipzig,* 1765, in-8.

— Profession de foi du vicaire Savoyard. Par J.-J. ROUSSEAU. Précédée d'un Essai sur la nécessité d'une réforme religieuse. *Paris, Persan et Cie,* 1822, in-18, pap. vélin, avec une grav., 2 fr. 50 c.

II. POLITIQUE.

— Considérations sur le gouvernement de Pologne. Nouv. édition. *Londres (Paris, Cazin),* 1782, in-18, 2 fr.

——

— Contrat (du) social, ou Principes du droit politique. *Amsterdam,* 1762, in-12. (f).

Ouvrage réimprimé un très-grand nombre de fois. Nous donnons ici la liste des éditions que nous connaissons :
1° Amsterdam, Mich. Rey, 1772, in-8.
2° Londres (Paris, Cazin), 1782, in-18.
3°   1789, in-8.
4° Lyon, 1790, in-8.
5° Paris, 1793, in-12.
6° Autre édition, avec les Considérations sur le gouvernement de la Pologne et sur la réformation projetée en 1772, et le Discours sur l'économie politique. 1792, 2 vol. in-18.
7° Nîmes, 1792, in-12.
8° Paris, 1793, in-12.
9° Hambourg, 1795, in-12.
9° bis Paris, de l'impr. de Didot jeune, 1795, gr. in-4 sur pap. vélin.
Édition peu recherchée : 6 à 9 fr. Il y a des exemplaires tirés sur format in-fol. ; on prétend qu'ils ne sont qu'au nombre de quatre.
10° Strasbourg, 1796, in-12.
11° Paris, Didot l'aîné, an IV (1796), in-4, et sur gr. pap. Belle édition.
12° Édition suivie des Considérations sur le gouvernement de la Pologne, et sur sa réformation projetée. Nouv. édit. Paris, Josse, an III (1795), in-12.
13° Paris, Didot l'aîné, an IV (1796), gr. in-12. Chef-d'œuvre typographique.

14° Lausanne, J. Mourer, 1797, in-12.
Un exemplaire de cette édition fut adressé à Napoléon, en 1797, avec la lettre et la dédicace que nous reproduisons :

Citoyen général,

Voulant dédier cette nouvelle édition du « Contrat social » de l'immortel Jean-Jacques Rousseau à la douce philosophie, aux talents, au courage et à la vertu, mon cœur indique à ma plume le nom chéri de Buonaparte.
Recevez, favorablement, citoyen général, ce faible tribut de mon admiration pour votre personne.

Jean Mourer.

Le 29 août 1797.

Dédicace au citoyen Buonaparte, général en chef de l'invincible armée d'Italie :

Citoyen général,

« J'ai quelque pressentiment, dit Jean-Jacques Rousseau, dans son deuxième livre du « Contrat social », qu'un jour la petite ile de Corse étonnera l'Europe ! »
L'Europe demande aujourd'hui, citoyen général, quel est le lieu de votre naissance ?
La Renommée répond à l'Europe : c'est l'ile de Corse.

Je suis, citoyen général, l'un de vos admirateurs,

Jean Mourer, libraire.

Lausanne, en Suisse, le 15 août 1797.

15° Paris, Caille et Ravier, 1816, in-18, 1 fr. 50 c.
16° Paris, Bataille et Bousquet, 1820, in-18, 2 fr.
17° Édition suivie du Discours sur l'origine et les fondements de l'inégalité parmi les hommes. Édition dédiée à la jeunesse française, par M. Joffres, étudiant en droit. Paris, l'éditeur, 1820, in-12, 2 fr. 50 c.
18° Paris, Chassaignon, 1822, in-18, avec portrait.
19° Paris, Brissot-Thivars, 1822, in-18.
20° Paris, Menard et Desenne, 1824, in-18, 2 fr.; sur pap. velin, 4 fr.; et in-12, 2 fr. 50 c.; sur pap. vélin, 5 fr. Édition faisant partie de la « Bibliothèque française », publiée par les mêmes libraires.
21° Paris, Iliard, 1831, et 1836, in-18, 65 c. Édition faisant partie de la « Bibliothèque des amis des lettres ».

— Principes du droit politique mis en opposition avec le Contrat social de J.-J. Rousseau, par Honoré Torombert, avec la réfutation du chapitre intitulé : De la Religion civile, par M. Lanjuinais; suivis du texte entier du Contrat social. *Paris, Rey et Gravier ; A. André*, 1825, in-8.

Rousseau posa sans détour, dans son Contrat social, le principe de la souveraineté du peuple. Il donnait la préférence, dans cet ouvrage, au gouvernement de son pays; et ce fut ce gouvernement qui, le premier, fit brûler le Contrat social.
Après avoir scruté toutes les bases du meilleur gouvernement possible, après avoir fatigué l'esprit de ses lecteurs dans le labyrinthe de ses théories, qu'avoue enfin l'auteur aux hommes ? qu'il n'a écrit que *pour des anges* ; aussi, un compatriote de l'auteur, Senebier, dans son Histoire littéraire de Genève, n'hésite pas à prononcer que le « Contrat social » de Rousseau est une absurdité de plus en politique.
On a imprimé quelque part (Abus dans les cérémonies et dans les mœurs) que Rousseau avait pris son Contrat social, mot pour mot, dans *Ulrici Huberi de Jure civitatis, libri III.* Francofurti et Lipsiæ, Jo. Fri. Zeitler, 1708, in-4. On lit dans la préface de cette IVe édition : *Prima fuit rudis et genuinum mei moris in scribendo specimen* ; et on annonce ici de grandes augmentations. — Cum commentariis R. Christophori de Lincker. Francofurti, 1751, in-4. Huber, né en 1636, est mort en 1694. L'épitre de l'auteur, dans la première édition, est datée *Nonis Utilibus(Quintilibus).* Dans celle de 1684, on a imprimé *utilibus ;* embarras pour les chronologistes, qui ne savent ce que c'est *Nonæ utiles.*
Quant aux principes, ainsi qu'à la manière de les développer, il n'y a pas l'ombre de ressemblance entre Huber et Rousseau. On peut prendre une idée du livre de Huber dans les Nouvelles de la République des lettres, septembre 1684. (Note de Camus, Biblioth. de droit).

———

— Contrato (el) social, ò Principios del derecho politico, trad. dal frances. *Leon, Cormon y Blanc*, 1821, in-18, 3 fr.
— Contrat (du) social, ouvrage du philosophe J.-J. Rousseau, traduit, pour la première fois, du français en grec moderne, par feu Grégoire Zalik, et publié, avec un Discours préliminaire, par Constantin Nicolo-Poulo, aux frais de la généreuse veuve du traducteur, dédié aux Grecs par la même. *Paris, Dufart,* 1828, in-12, 3 fr.
— Contrato (el), ò Principios del direito politico, de J.-J. Rousseau. (Traduzido do francez). Por B.-L. Vianna. *Paris, de la impr. de F. Didot,* 1821, in-18.

———

— Discours sur l'économie politique. *Genève, Emm. Du Villard,* 1758, in-8.

———

— * Extrait du Projet de paix perpétuelle, de M. l'abbé de Saint-Pierre. *Amsterdam,* 1761, in-12.

———

— OEuvres politiques de J.-J. Rousseau. *Genève, et Paris,* 1792, 4 vol. in-18, avec le portr. de Rousseau. — Autre édition, ornée de figures. *Paris, de l'impr. de Didot jeune.* — Ve Lepetit, 1821, 4 vol. in-18, 5 fr.

Le tome Ier contient : une Préface des éditeurs, le Discours sur les fondements de l'inégalité parmi les hommes, suivi de notes, et la Lettre de J.-J. Rousseau à M. Philopolis. Le tome II, le Contrat social. Le tom. III, le Discours sur l'économie politique, et l'Extrait du projet de paix perpétuelle de M. l'abbé de Saint-Pierre. Le tom. IV, les Considérations sur le gouvernement de Pologne, et les Lettres à M. Buttafoco sur la législation de la Corse.

III. BOTANIQUE.

— Botanique de J.-J. Rousseau, ornée de 65 planches en couleurs, d'après les peintures de P.-J. Redouté. *Paris, Garnery*, 1805, in-4 sur pap. vélin. (*g*).

Première édition, publiée en onze livraisons, et qui a coûté 200 fr., et gr. in-fol., 330 fr. Elle fait suite à l'édition du Rousseau gr. in-4.

— Lettres élémentaires sur la botanique, avec 44 planches. Nouv. édition. In-8.
— Botanique (la) de J.-J. Rousseau. *Paris, Baudouin*, 1822, gr. in-4.
— Botanique (la) de J.-J. Rousseau, contenant tout ce qu'il a écrit sur cette science ; augmentée de l'exposition de la méthode de Tournefort, de celle du système de Linné, d'un nouveau Dictionnaire de botanique et de notes historiques, etc. Par A. Deville. Sec. édit. *Paris, Louis*, 1823, in-12, avec 8 fig., 4 fr.
— Collection des planches composant la botanique de J.-J. Rousseau, gravées et coloriées d'après les dessins de P. J. Redouté, *Paris, Dupont*, 1825, gr. in-4, 50 fr.; grand pap., format in-folio, 100 fr.

Cette édition a été faite pour accompagner le tome VII du Rousseau publié par M. Musset-Pathay.

— Planches lithographiées pour servir à l'intelligence des Lettres élémentaires sur la botanique de J.-J. Rousseau, par P. Oudard. 60 pl. in-8, color.

Publiées en 10 livraisons,

— Lettres sur la botanique, par J.-J. Rousseau ; précédées d'un Traité élémentaire de cette science, par L. Girault. *Paris, rue Sainte-Marguerite, n.* 19, 1835, in-32, 35 c.

IV. LITTÉRATURE.

(A) Mélanges.

— Allée (l') de Silvie. *Genève, Paris, Panckoucke*, 1763, in-12 de 8 pag.
— Lettre à M. de Voltaire sur l'optimisme. . . .
— Lettres à M. de Voltaire (sur son poëme de la loi naturelle, et sur le désastre de Lisbonne). 1764, in-8.
— Lévite (le) d'Éphraïm. (Poëme en prose,

en IV chants. Nouv. édit.). *Genève*, 1828, in-fol.

« Malgré l'horreur du sujet, ce poëme est d'une fraîcheur charmante, d'une simplicité vraiment antique : c'était de tous ses ouvrages celui que Rousseau chérissait le plus ». Senebier, *Hist. littér. de Genève.*

— Nouveau (le) Dédale ; ouvrage inédit de J.-J. Rousseau, et copié sur son manuscrit original, daté de l'année 1742. *Paris, madame Masson*, an IX (1801), in-8 de 16 pag., 50 c.
— Opuscules de J.-J. Rousseau. *Genève, et Paris*, 1766.
— Préface de la Nouvelle Héloïse, ou Entretiens sur les romans. 1761, in-12.
— Rainha (a) caprichosa, conto traduzido do francez. *Paris, de l'impr. de Tastu*, 1828, in-18.

Traduction de la Reine fantasque de J.-J. Rousseau.

— Réponse à un mémoire intitulé : Si le monde que nous habitons est une sphère, ou un sphéroïde. . . . .

Imprimée dans le Mercure de France, ann. 1738, n. IX.

— Verger (le) de madame la baronne de Warens. *Londres*, 1739, in-8.

Ces deux derniers écrits sont les premiers ouvrages de Rousseau.

J.-J. Rousseau a eu part au Journal étranger, depuis 1754 jusqu'en 1762.

Sous le n° 569 de son nouveau Recueil d'ouvrages anonymes, M. Demanne présente Rousseau comme l'auteur d'un écrit intitulé : *Etrennes de J.-J. R. A. F. M. A. D. V.*, opuscule philosophique ; mais c'est une erreur : cet opuscule, formant 12 pages, imprimé en 1769, est de M. Marion Du Mersan, père de notre spirituel auteur dramatique, et antiquaire zélé.

(B) Nouvelle Héloïse.

— Julie, ou la Nouvelle Héloïse, ou Lettres de deux habitants d'une petite ville au pied des Alpes, recueillies et publiées par J.-J. Rousseau. 1759. (*h*).

Roman réimprimé séparément non moins fréquemment que l'Émile et le Contrat social.
1° Paris, Duchesne, 1761, 4 vol. in-12.
2° Amsterdam, Rey, 1761, 7 vol. in-12, fig., y compris la Préface, l'Esprit de Julie, et autres pièces.
3°   1762, 4 vol. in-12.
4° Édition revue et augm. Neufchâtel, 1764, 4 vol. in-8, avec figures.
5° Paris, Duchesne, 1764, 4 vol. in-12. On trouve à la suite la Prédiction faite sur l'auteur de la Nouvelle Héloise (par Ch.-Jos. Panckoucke).
6°   1767, 3 vol. in-12.
7° Genève et Bouillon, 1780, 2 vol. in-4 et 4 vol. in-12.
8° Genève, 1786, 6 vol. in-12.
9°   1787, 4 vol. in-18.

10° Édition précédée du Voyage à Ermenonville, par Le Tourneur. 1792, 4 vol. pet. in-12.

11° 1794, 6 vol. in-12.

12° Paris, 1799, 6 vol. in-18, 6 fr. 50 c.

13° Édition augmentée de morceaux tirés des Mémoires ou Lettres de Rousseau, ainsi que de notes sur la Nouvelle Héloïse. Paris, Crapart, Caille et Ravier, 1807, 7 vol. in-18, format Cazin, 14 fr.

13 bis Paris, 1808, 4 vol. in-8, fig., 20 fr.

14° Édition stéréot. de F. Didot. Paris, P. et F. Didot, 1811, 4 vol. in-18, 4 fr.; pap. fin, 5 fr.; pap. vélin, 10 fr ;et gr. pap. vélin, format in-12, 15 fr.

C'est encore cette édition, divisée en 5 vol., qui a été insérée, en 1829, dans la nouvelle Bibliothèque des classiques français, publiée par le libraire Lecointe.

15° Édition augmentée des Amours et aventures d'Édouard Boston (trad. de l'allem. de F.-A.-C. Wertnes). Avignon, Guichard, 1816, 4 vol. in-18. Édition commune.

16° Paris, de l'impr. de Crapelet. — Ledoux et Tenré, 1818, 3 gros vol. in-18, avec figures d'après Moreau, 10 fr.

17° Paris, Gosselin; Mame-Delaunay, etc., 1822, 4 vol. in-32, ornés de 4 gravures. Édition faisant partie d'une Collection des meilleurs ouvrages de la langue française, en prose et en vers.

18° Paris, veuve Dabo, 1823, 3 vol. in-12.

19° Paris, Ménard et Desenne, 1824, 5 vol. in-18, ornés de 14 gravures d'après Devéria, 12 fr. 50 c.; et sur pap. vélin, 25 fr.; et 5 vol. in-12, pap. ordinaire, 25 fr; et sur pap. vélin, 30 fr, Édition faisant partie de la « Bibliothèque française », publiée par les mêmes libraires.

20° Paris, Didot aîné, 1825, 3 vol. in-8, sur pap. ordin., 13 fr. 50 c.; sur pap. fin, 22 fr. 50 c.; sur pap. vélin, cartonnés, 45 fr. Belle édition, faisant partie de la Collection des meilleurs ouvrages de la langue française, dédiée aux amateurs de l'art typographique.

21° Paris, de l'impr. de F. Didot. — L. Debure, 1825, 6 vol. in-32, avec portr., 15 fr. Édition faisant partie des « Classiques français ».

22° Paris, Baudouin frères, 1827, 3 vol. in-8, 6 fr. 75 c. Édition qui fait partie de la Collection des meilleurs ouvrages de la langue française, publiée par les mêmes libraires.

23° Paris, Rignoux, 1829—30, 6 vol. in-18, 4 fr. 50 c. Édition faisant partie d'une nouv. Bibliothèque des romans.

24° Paris, Lebigre, 1831, 1834, 4 vol. in-18, 4 fr. 50 c.

25° Paris, Hiard, 1833, 4 vol. in-18, 2 fr. 60 c. Édition qui fait partie de la « Bibliothèque des amis des lettres ».

La majeure partie des éditions que nous venons de citer portent pour titre : *Julie, ou la Nouvelle Héloïse.*

La *Nouvelle Héloïse* fut le premier grand ouvrage que publia Rousseau, et ce fut aussi celui qui eut le succès le plus universel.

Ce livre fameux a dicté ce jugement remarquable à un écrivain moderne, qui, selon M. Sevelinges, auteur de la Notice sur Rousseau, dans la Biographie universelle, ne peut être soupçonné de prévention contre l'auteur : « Si je voulais caractériser J.-J. Rousseau par un de ses ouvrages, « a dit M. Azaïs, je choisirais la *Nouvelle Héloïse.* « Là se trouvent tous les mouvements de l'âme « portés à l'extrémité : c'est le *faux,* l'*invraisem-* « *blable,* le *déréglé,* l'*impossible* ».

— Julia, ò la Nueva Heloïsa .... traducidas del francès al castellano, con notas en los asuntos qui miran a la religion y la moral. Por A. B. D. V. B. Segunda edicion, corregida, y aumentada con las dos cartas, y todo lo demas que se habia suprimido en la primera edicion. *Burdeos, Beaume,* 1820, 4 vol. in-12, 15 fr.

— La misma, traducida por J. Marchena; con laminas finas. *Toulouse, de la impr. de Bellarigue,* 1821, 4 vol. in-12, 15 fr.

— La misma, traducido por D. M. V. M. *Versailles, de la impr. de Jacob,* 1824, 4 vol. in-12, 15 fr.

(c) Théâtre.

— Devin (le) du village, intermède (en un acte et en vers libres). *Sans nom de ville, ni d'impr.,* 1753, in-8 ; ou *Paris, Ve Delormel et fils,* 1753, in-4.

Cet intermède, dont Rousseau a fait les paroles et la musique, fut représenté pour la première fois à Fontainebleau, devant la Cour, en 1752.

« Quelques chansonnettes de cette petite pastorale ne sont pas dénuées assurément de sentiment et de naturel; mais les enthousiastes, dit M. Sevelinges dans sa Notice sur Rousseau, apprendront avec surprise que Rousseau lui-même n'en était pas content, et qu'il s'est donné beaucoup de peine pour refaire son Devin, sans le rendre meilleur ». Quoi qu'en ait dit M. Sevelinges, le *Devin du village* fit les plaisirs de Paris, et il plaira toujours aux hommes de goût : il a été réimprimé plusieurs fois.

Autres éditions :
Paris, sans nom d'impr., 1754, in-8.
Paris, sans nom d'impr., 1756, in-8.
La Haye, P. Gosse junior, 1760, in 8.
(Paris), Chr. Ballard, 1763, in-8, avec 26 pag. de musique gravée.
Genève, P. Gosse, 1760, in-8:
Copenhague, Cl. Philibert, 1767, in-8.
Sans nom de ville, ni d'impr, 1768, in-8.
(Paris), P.-R.-C. Ballard, 1770, in-8.
Paris, veuve Duchesne, 1770, in-12.
(Paris), P.-R.-C. Ballard, 1772, in-8.
Paris (Lyon), Castaud, 1774, in-8.
Amsterdam, aux dépens de la Société, 1787, in-8.
Troyes, Gobelet, an VII (1799), in-8.
Paris, Fages, an IX (1801), in-8.
Paris, Dalibon, 1825, in-8. Texte et musique gravés.

— Narcisse, ou l'Amant de lui-même, comédie (en un acte et en prose). *Sans nom de ville, ni d'impr.,* 1753, in-8 ; ou *Genève, sans nom d'impr.,* 1781, in-12.

— Pygmalion, scène lyrique (en un acte et en prose), représentée en société, à Lyon. Par M. J.-J. R. *Sans nom de ville, ni d'impr.,* et sans date, in-8.

Autres éditions :
Vienne, Jos. Kurzbock, 1771, in-8. On trouve à la suite une traduction allemande de cette pièce.
Paris, veuve Duchesne (1775), 1781, in-8.
Bruxelles, J. Vanden Berchen, 1786, in-8.
Genève (Avignon, Jacq. Garrigan), 1789, in 8.
Paris, Chambon, 1792, in-8.
Troyes, Gobelet, an VII (1799), in-8.

— Pygmalion, scène lyrique, par M. J.-J. Rousseau, mis en vers par M. BERQUIN, texte gravé par Drouet. *Paris*, 1775, pet. in-4.

Les trois pièces que nous venons de citer sont les seules qui aient été imprimées séparement ; mais le *Théâtre* de l'auteur, qui fait partie des diverses éditions de ses OEuvres, en renferme quatre autres : *la Découverte du Nouveau-Monde*, tragédie lyrique en trois actes ; 2° *l'Engagement téméraire*, comédie en trois actes et en vers ; 3° *les Muses galantes*, ballet en trois entrées et un prologue (le tout en vers libres) ; 4° *les Prisonniers de guerre*, comédie en un acte et en prose. On y trouve aussi des fragments d'*Iphis*, et de courts fragments d'une tragédie, intitulée *Lucrèce*.

V. BEAUX-ARTS.

— Consolations des misères de ma vie...

Ce recueil musical comprend près de cent romances et petits airs que Jean-Jacques composa sous l'impression des divers sentiments dont il était affecté.

— Dictionnaire de Musique. *Genève*, 1767, in-4. (i).

— Le même. *Amsterdam*, 1768, 2 vol. in-12.

— Le même. *Paris, de l'impr. de P. Didot l'aîné.* — *Lequien*, 1821-22, 2 vol. in-8, 12 fr.

Cette édition est un tiré à part, au nombre de 50 exempl., du Rousseau en 20 volumes, publié par M. Lequien.

« Si le Dictionnaire de Rousseau est venu jusqu'à nous, dit M. Castil-Blaze, dans la préface de son Dictionnaire de musique moderne, on ne doit l'attribuer qu'aux déclamations éloquentes qu'il contient. La partie didactique en est vicieuse presque sur tous les points, et ses développements obscurs et étranglés. L'auteur prouve à chaque pas qu'il ignorait lui-même ce qu'il prétend nous expliquer. Enfin, son ouvrage est incomplet, en ce qu'il ne contient pas la moitié des mots du vocabulaire musical ».

Qui croirait qu'après ce jugement, M. Castil-Blaze eût voulu emprunter quelque chose à ce livre, ainsi décrié par lui. Il en a pourtant copié 342 articles ! Voy. la lettre de J.-J. Rousseau (masque de M. Ch. d'Outrepont) à M. Castil-Blaze, imprimée à la suite des Dialogues des morts, par M. Ch. d'Outrepont (1825, in-8).

— Dissertation sur la musique moderne. *Paris, G.-F. Quillau père*, 1743, in-8.

— Imitation (de l') théâtrale : épître tirée des Dialogues de Platon. *Amsterdam*, 1764, in-12.

— * Lettre à M. Grimm, au sujet des remarques ajoutées à sa lettre sur Omphale, avec cette épigraphe :

Picæ quis docuit verba nostra conari ?

Sans nom de ville, ni d'impr. (Paris), 1752, in-8.

« Il ne faut que lire cette lettre anonyme pour être persuadé que J.-J. Rousseau en est l'auteur. Elle contient des détails bien flatteurs pour Grimm ; et sans doute, la rupture de J.-J. Rousseau avec cet homme de lettres aura empêché le premier de reproduire des éloges dont le second lui paraissait s'être rendu indigne. J.-J. Rousseau, dans sa lettre, persiffle très-agréablement l'auteur anonyme des Remarques au sujet de la lettre de M. Grimm sur Omphale. Paris, 1752, in-8. Ces Remarques, adressées à Grimm même, sont signées D*** ».

« Un extrait de la Lettre de Rousseau avait été inséré dans les OEuvres de notre philosophe, Neufchâtel (Paris), et reproduit dans ses OEuvres diverses. Amsterdam, M. M. Rey, 1769, sous le titre d'*Extrait d'une lettre à M.****, concernant Rameau ; mais cet extrait ne se trouve point dans la belle édition de J.-J. Rousseau, imprimée chez M. Didot l'aîné, en 20 vol. in-8. M. Lefèvre, d'après mes conseils, a inséré la lettre entière dans ses nouvelles éditions des OEuvres de J.-J. Rousseau, en 18 et 21 vol. in-8 ».

A. A. BARBIER, *Dict. des Ouvrages anonymes.*

— Lettre sur la musique française. *Sans nom de ville, ni d'impr.*, 1753, in-8. (j).

« Cette pièce, qui décontenança la majesté de l'Opéra de Paris, fit faire aux Français les plus grands efforts pour avoir une musique qui leur appartînt, et ces efforts n'ont pas été tout-à-fait inutiles. Il est plaisant de voir, à l'occasion de cette lettre, Rousseau gravement brûlé en effigie sur le théâtre de l'Opéra, où il avait obtenu les plus grands succès la même année : il est plus plaisant d'entendre Rousseau s'écrier, quand on lui apprit son supplice : « Qu'il rendait grâces à ses juges, qui l'arrachaient enfin à la question ».

« L'Opéra crut Rousseau mort pour lui, il lui ôta ses entrées du spectacle, qu'il avait obtenues lors du Devin du village, mais le chev. Gluck démontra aux directeurs leurs torts à l'égard de Rousseau ; il les engagea à le dédommager de ce qu'ils lui avaient fait perdre, et à lui rendre ses entrées. Rousseau eut alors le plaisir d'applaudir l'Iphigénie de Gluck, et de se réconcilier avec la musique de l'Opéra ».

SENEBIER, *Hist. littér. de Genève.*

— Rousseau (J.-J.) à M. d'Alembert, sur son article Genève, dans le VIIe volume de l'Encyclopédie, et particulièrement sur le projet d'établir un théâtre de comédie en cette ville. *Amsterdam*, 1758, in-8. (k).

Dans cette Lettre Rousseau s'est attaché à démontrer les dangers des Spectacles dans les petites villes qui ont des mœurs. Qu'eût-il dit, grand Dieu, de nos spectacles d'aujourd'hui ! D'Alembert, Marmontel, et plusieurs autres écrivains, essayèrent de lui répondre. « Je crois, dit Senebier, que les deux « premiers plaidèrent, aussi bien qu'il était pos- « sible, une mauvaise cause qu'ils ne pouvaient « gagner ».

— Le même écrit, avec les réponses à cette lettre. *Amsterdam, M. M. Rey*, 1763, in-12, avec portr.

VI. MÉMOIRES ET CORRESPONDANCE.

(A) Mémoires.

— Confessions (les) de J.-J. Rousseau, suivies des Rêveries du promeneur solitaire. *Genève*, 1782, 4 vol. in-8. (l).

Les *Réveries du promeneur solitaire* sont un titre que le marquis de Girardin ; leur éditeur, a donné à une espèce de Journal très-intéressant des pensées de Rousseau, écrites par lui sur des cartes, pendant ses promenades vers la fin de ses jours.

—Les mêmes (complètes), édition enrichie d'un nouveau recueil de Lettres de J.-J. Rousseau. *Paris*, 1790, 7 vol. in-8 , 17 fr. 50 c.; et 7 vol. in-12, 14 fr.

— Suite des Confessions de J.-J. Rousseau, avec ses Lettres. *Paris*, 1791, 7 vol. in-18, 21 fr.

Cette édition fait partie de la collection des petits formats Cazin.

— Confessions. Première édition complète, revue et collationnée sur le manuscrit de l'auteur; déposé au comité d'instruction publique par sa veuve, l'an III⁰e, avec une table alphabétique des noms et des matières. *Paris, Poinçot*, an VI (1798), 4 vol. in-12, ornés de 14 grav.: pap. ordin., 8 fr.; pap. fin, 9 fr., et sur pap. vélin, épreuves avant la lettre, 21 fr.

Autres éditions :

1° Édition stéréotype de Didot. Paris, P. et F. Didot, 1808, 4 vol. in-18, 4 fr.; sur pap. fin, 5 fr.; sur pap. vélin, 10 fr., et sur grand pap. vélin, format in-12, 15 fr.

2° Paris, de l'impr. de Crapelet. — Ledoux et Tenré, 1818, 2 gros vol. in-18, avec figures d'après Moreau, 9 fr.

3° Paris, Ménard et Desenne, 1824, 5 vol. in-18, 10 fr., ou, sur pap. vélin, 20 fr.; et 5 vol. in-12, figures, 12 fr., et sur pap. vélin, 24 fr. Édition faisant partie de la « Bibliothèque française », publiée par les mêmes libraires.

4° Paris, Lebigre, 1832, 4 vol. in-18, avec portrait.

5° Paris, Hiard, 1832, 4 vol. in-18, 2 fr. 60 c. Édition faisant partie de la « Bibliothèque des amis des lettres ».

6° Paris, Lebigre, 1836, 5 vol. in-18, 6 fr.

Jean-Jacques avait fait lecture de ses Confessions devant quelques amis particuliers; la première partie ne fut imprimée qu'en 1781, trois ans après sa mort. Il avait fixé l'an 1800 pour la publication de la seconde partie : mais, par l'infidélité d'un des dépositaires, elle fut rendue publique dès 1788.

« Je suis fâché, dit Senebier dans son Histoire de Genève, que les amis de Rousseau n'aient pas supprimé ses Confessions, qui me paraissent un livre très-dangereux, et qui peignent Rousseau avec des couleurs qu'on n'aurait jamais osé lui appliquer ; les analyses fines qu'on y trouve de quelques sentiments; l'anatomie délicate qu'il y fait de quelques actions, ne sauraient voiler les faits horribles qu'on y apprend, et les médisances éternelles qu'elles renferment ».

Dans cet ouvrage, Rousseau mit à publier ses fautes l'amour-propre que l'on met communément à les dissimuler. « Médire de soi-même, dit La Harpe, est encore une manière d'être extraordinaire, convenable dans un homme qui, avant tout, a voulu être singulier ».

— Lettres de M. J.-J. Rousseau sur son exil du canton de Berne. *Paris, et Leipzig*, 1770, broch. in-8.

— Précis pour M. J.-J. Rousseau, en ré-

ponse à l'exposé succinct de M. Hume, avec une Lettre de madame D.... 1767, in-12.

— Testament de J.-J. Rousseau, trouvé à Chambéri, en 1820, publié avec sa justification envers madame de Warens, par Ant. MÉTRAL, avocat. *Paris, de l'impr. de Baudouin fils*, 1820, in-8 de 16 pag.

(B) Correspondance. (*m*).

— Correspondance originale et inédite de J.-J. Rousseau avec madame de Franqueville et M. Du Peyrou, son ancien ami, qui en était dépositaire, et qui a légué le manuscrit (déposé à la biblioth. de Neufchâtel), à M. Fauche-Borel. *Paris, Giguet et Michaud*, 1803, 2 vol. in-8, 8 fr. 50 c.; ou 3 vol. in-18, sur pap. grand raisin fin, 6 fr.; et sur pap. carré fin, 5 fr.

Les lettres qui composent cette collection jettent le plus grand jour sur le caractère et la vie de J.-J. Rousseau, et sur les philosophes de XVIIIe siècle.

— La même. *Leipzig, Reclam*, 1803, 2 vol. in-12.

— La même. *Paris, de l'impr. de Cellot*, 1820, 2 vol. in-12, 8 fr.

Cette édition est ordinairement jointe au Rousseau en 20 volumes, publié par Musset-Pathay, de 1818 à 1820.

— Lettre inédite, ornée d'un fac-simile de son écriture. *Paris, de l'impr. de David*, 1832, in-8 de 12 pag., 1 fr. 50 c.

Cette Lettre est adressée à M. de Sainte-Aldegonde; elle est datée du 13 février 1774.

— Lettres à Condorcet et Lettre à madame de Luxembourg, concernant les enfants aux Enfants-Trouvés....

Imprimées dans le Conservateur de N. François de Neufchâteau (1800, 2 vol. in-8).

— Lettres (nouvelles). *Paris, Poinçot*, 1789, in-8.

— Lettres originales de J.-J. Rousseau à madame la maréchale de Luxembourg, à M. de Malesherbes, à d'Alembert, etc. Précédées d'une lettre gravée par Aubert, d'après un original de la main de J.-J. Rousseau ; et suivies de six planches de musique. (Le tout publ. par Ch. POUGENS). *Paris, Ch. Pougens*, an VII (1799), in-18, 2 fr. 40 c.

Les quatre fameuses lettres que J.-J. Rousseau écrivit à Malesherbes pour faire l'apologie de sa conduite, furent imprimées, pour la première fois, parmi les notes du poëme des Mois, par Roucher, en 1779.

— Lettres de Voltaire et de J.-J. Rousseau à C.-J. Panckoucke, éditeur de l'Encyclopédie méthodique. *Paris, C.-L.-F. Panckoucke,* 1828, in-8 de 72 pag.

Publiées séparément par les soins de M. Panckoucke fils; nous avons dit dans quel but à l'article de ce dernier.

Ces Lettres se trouvent dans toutes les éditions de Rousseau.

Les Œuvres de Rousseau renferment une correspondance plus considérable que celle que nous citons, parce qu'elle a été recueillie, depuis sa mort, parmi beaucoup d'autographes, dans les journaux, etc.

Quelques lettres inédites de J.-J. Rousseau, adressées à l'Académie de Dijon, ont été publiées par C.-X. Girault (voy. ce nom), dans un volume qui renferme des lettres inédites de plusieurs personnages célèbres, adressées à cette académie (1819, in-8).

Il existe huit *Lettres inédites* impr. à la suite des Fragments de Rousseau (publiés par Moultou). Voy. plus bas.

La « Revue rétrospective », première série, t. III, pag. 47, contient deux *Lettres inédites de Rousseau à madame de Lessert, née Roy de Latour.* Ces deux lettres ont été communiquées par M. Jules Ravenel. Le fac-simile de l'une d'elles, celle du 6 décembre 1771, avait déjà été publiée par M. Cassin, dans son « Choix de morceaux de fac-simile d'écrivains contemporains et de personnages célèbres » (1834, in-8).

La « Revue rétrospective », deuxième série, t. II, pag. 311, a aussi donné une *Lettre écrite à J.-J. Rousseau par sa femme.* Cette lettre a encore été communiquée à l'éditeur de ce recueil par M. Jules Ravenel : elle est précédée d'un Avis que nous reproduisons ici : « La lettre suivante fait connaître le degré « de culture où l'esprit de Thérèse était arrivé, « après un temps déjà long de mariage, et ce « qu'elle avait gagné à vivre avec un homme tel « que Jean-Jacques. Nous avons scrupuleusement « conservé l'orthographe de l'original ; mais, pour « rendre ce curieux texte intelligible à nos lecteurs, « nous l'avons accompagné d'une sorte de traduc-« tion en regard ».

———

Le nom de J.-J. Rousseau a été pris pour masque par quelques écrivains, notamment par *P. Firmin de Lacroix,* de Toulouse, qui imitait assez heureusement le style de Rousseau; par *de Rossi, Le Normant,* d'Orléans, M. *Aubert de Vitry,* etc. Ces noms se trouvent figurer dans la seconde partie de notre Notice, qui a pour objet l'indication des ouvrages pour et contre Rousseau.

VII. OEUVRES. (n).

— OEuvres diverses. 1756, 2 vol. in-12.
— Les mêmes. Nouv. édition. *Amsterdam, et Paris,* 1763, 2 vol. in-12.
— OEuvres de M. Rousseau, de Genève. Nouv. édit., rev. corr., et augm. de plusieurs morceaux qui n'avaient point encore paru. *Neufchâtel,* 1764, 6 vol. in-8, fig.

Le sixième volume contient l'*Esprit,* les *Maximes* et les *Principes de Rousseau.*

— OEuvres de M. Rousseau, de Genève. Nouvelle édition, revue, corrigée, et augmentée de plusieurs morceaux qui n'avaient point encore paru. *Neufchâtel* (*Pa-*

ris, Duchesne), 1764, 10 vol. in-8 et 10 vol. in-12; — *Ibid.,* 1765, 1767, 1768, 1779, 10 vol. in-12, dont un de supplément.

« *La Nouvelle Héloïse* avait paru, chez le même libraire, en 1761, 4 vol.; et l'*Émile,* en 1762, 4 vol. Rousseau nous apprend lui-même, dans une lettre à M. Panckoucke, en date du 25 mai 1764, que cette édition de Paris a été dirigée par le fameux abbé de La Porte, ex-jésuite, qui s'est bien gardé de la comprendre dans la liste de ses travaux. Voy. son article dans la France littéraire de 1769, dont il est l'auteur ».

« Il y a deux éditions du second volume de cette collection, et elles ne contiennent pas les mêmes pièces. On trouve dans l'une d'elles le « Petit Prophète », de Grimm, et l'analyse de différentes brochures relatives à la *Lettre sur la musique française.* Au lieu de ces morceaux, l'autre renferme *Pygmalion, scène lyrique ;* une *Lettre écrite en 1750* à l'auteur du Mercure; *l'Allée de Sylvie,* et quelques autres petites pièces ».

« La lettre de Rousseau à l'abbé de La Porte, en date du 4 avril 1763, explique les changements faits par cet abbé dans la composition de ce second volume; Rousseau l'avait exhorté à retrancher de ses OEuvres, s'il en était encore temps, le « Petit Prophète », de Grimm, devenu son ennemi. Puisque notre philosophe convient, dans sa lettre à Panckoucke, avoir fourni *quelques pièces* à l'abbé de La Porte; ce fut lui, sans doute, qui envoya à cet éditeur, par extraits seulement, sa Lettre à Grimm, relative aux remarques ajoutées à la « Lettre sur Omphale ».

« Cette Lettre à Grimm est en entier dans l'édition de 1819—20, et dans celle publiée par M. Lequieu ».

(A. A. Barbier, *Notice sur les écrits relatifs à Rousseau*).

— OEuvres de J.-J. Rousseau, de Genève. Nouvelle édition, revue, corrigée, et augmentée de morceaux qui n'avaient point encore paru. *Amsterdam, Marc-Michel Rey,* 1769, 11 vol. in-8 et in-12.

« Cette édition a été réimprimée dans les mêmes formats, en 1772 et 1774. Les OEuvres diverses seulement l'ont été en 1776, 4 vol. in-12. Il y a un supplément de 6 volumes pour l'édition in-8, ce qui la porte à 17 volumes ».

« Dès 1765, Marc-Michel Rey, célèbre imprimeur d'Amsterdam, voulant réimprimer les OEuvres de J.-J. Rousseau, consulta l'auteur lui-même, qui lui répondit qu'il fallait prendre pour modèle l'édition faite à Paris, chez Duchesne, en 14 volumes, non compris les *Lettres de la montagne,* la *Lettre à M. de Beaumont,* le *Contrat social,* et le *Dictionnaire de musique.* Dans ce calcul, Rousseau ne comprenait que 6 volumes des *OEuvres diverses,* imprimées par Duchesne. Rey lui répliqua qu'il y avait dans cette édition nombre de pièces qui lui paraissaient n'y avoir été mises que pour en augmenter les volumes. Rousseau lui répondit le 18 octobre 1765 :

« Quand je vous ai parlé de prendre l'édition de Duchesne, c'est parce qu'elle contient des pièces de moi qui ne sont pas ailleurs; mais je n'ignorais pas qu'elle était fautive, et je n'ai jamais pensé que vous y prendriez ni la *Prophétie,* ni aucune pièce qui ne soit pas de moi. Ne cherchez pas à grossir votre recueil; n'imprimez que ce que j'ai fait; et c'est par là que votre édition sera recherchée ».

« En conséquence, Rey n'ajouta à son édition que les pièces auxquelles Rousseau avait répondu, et quelques lettres qui n'avaient pas été recueillies ».

(A. A. Barbier, *Notice sur les écrits relatifs à Rousseau*).

Dans l'édition de 1774, le tome V est formé de l'Instruction pastorale de l'évêque du Puy (Lefranc de Pompignan). Les deux éditions antérieures ont vraisemblablement ce même volume ; mais il ne nous a pas été possible de le vérifier.

— Collection complète des OEuvres de Rousseau. *Bruxelles* (*Londres*), 1774, 9 vol. in-4.

— OEuvres choisies de J.-J. Rousseau. *Londres*, sans date, 15 vol. pet. in-8.

— OEuvres de J.-J. Rousseau. *Londres* (*Paris, Cazin*), 1781, 38 vol. in-18, ornés de figures d'après Moreau ; 60 à 72 fr.

— Collection complète des OEuvres de J.-J. Rousseau (publ. par Du Peyrou). *Genève*, 1782 et ann. suiv., 17 vol. in-4, ornés de gravures.

Édition peu recherchée : 90 à 108 fr.; et moins quand les figures n'y sont pas. Il y a des exempl. en gr. papier : 140 à 170 fr.

— La même (publiée par les soins du même Du Peyrou). *Genève*, 1782-90, 35 vol. in-8.

Édition qui n'a qu'un prix ordinaire.

— Les mêmes (de la même édition). *Genève*, 1782 et ann. suiv., 33 vol. in-12, ornés de jolies gravures.

Cette édition est fort belle, et le caractère en est très-lisible, le papier très-blanc.

— OEuvres posthumes de J.-J. Rousseau, ou Recueil de pièces manuscrites pour servir de Supplément aux éditions de ses OEuvres publiées pendant sa vie (publ. par Du Peyrou). *Genève, et Paris, Hardouin*, 1782-83, 12 vol. in-8, et in-12.

C'est le Supplément des deux précédentes édit.
Ces OEuvres posthumes sont, selon Senebier, fort au-dessous de la réputation de Rousseau.

— Collection complète des OEuvres de J.-J. Rousseau. *Berne*, 1783, 37 vol. in-12.
— Collection complète des OEuvres de J.-J. Rousseau. (*Kehl*), *de l'impr. de la Société littéraire et typogr.*, 1783-89, 34 vol. gr. in-18.

Jolie édition, mais très-incorrecte : 80 à 100 fr., en supposant l'exemplaire bien relié.

— OEuvres complètes de J.-J. Rousseau, classées par ordre de matières (avec des notes par Mercier, l'abbé Brizard, et De l'Aulnaye). *Paris, Poinçot*, 1788-93, 39 tomes en 38 vol. in-8, ornés de planches.

Cette édition, quoique mal exécutée, est cependant encore recherchée.
Il en a été tiré des exemplaires sur quatre papiers différents : in-8, pap. fin, 160 à 200 fr. *rel.* ; in-8, pap. vélin, plus cher; in-4, pap. fin ; et sur pap. vélin. Vendu 230 fr. *br.* Mérigot.

«Le cinquième volume de cette édition est intitulé : *Émile, ou Pièces relatives à l'Émile*. On y trouve l'analyse des principaux écrits qui ont été publiés contre l'Émile: la plupart avaient paru sous le voile de l'anonyme. L'abbé Brizard, auteur des analyses, a nommé avec justesse plusieurs auteurs, mais il s'est trompé dans l'indication de quelques-uns, et en a laissé d'autres sous le voile. Il lui eût été facile de découvrir les noms de ces derniers, s'il eût consulté des ouvrages relatifs à l'histoire littéraire, tels que la France littéraire de 1769, etc. J'ai suppléé, dit A.-A. Barbier, à presque toutes ses omissions, dans mon Dictionnaire des ouvrages anonymes, et en particulier dans ma Notice des principaux écrits, etc. (celle que nous donnons ici). J'indique même quelques pièces qui ont échappé à ses recherches ».

(A. A. Barbier, *Notice des écrits relatifs à Rousseau*).

On peut joindre à cette édition, et à toute autre du même format : la Correspondance originale et inédite de J.-J. Rousseau, avec madame Latour de Franqueville, et M. Du Peyrou. Paris, 1803, 2 vol. in-8.

— Les mêmes. *Paris*, 1791, 40 vol. pet. in-12, 40 fr. ; et avec 33 fig., d'après les dessins de Moreau et de Marillier, 46 fr.
— Les mêmes. *Paris, les libraires associés*, 1793, 37 vol. gr. in-18, fig., 70 à 80 fr.
— Les mêmes. (Édition collationnée sur les manuscrits de l'auteur, déposés au comité d'instruction publique). *Paris, de l'impr. de Didot le jeune. — Defer de Maisonneuve*, 1793-1800, 18 vol. très-grand in-4, sur gr. pap. vélin, nom de Jésus, ornés de 35 estampes dessinées par Vincent, Cochin, Regnault, Monsiau et Moreau, et gravées par les plus habiles artistes de Paris.

Cette édition est peu recherchée, parce qu'elle n'est pas assez belle pour un livre de luxe, et que la grandeur de son format en rend l'usage peu commode. Chaque volume a coûté originairement 60 fr., et 72 fr. avec les figures avant la lettre ; mais l'ouvrage conserve à peine le tiers de ces prix.
Il en a été tiré 15 exemplaires sur format in-fol., pap. vélin, avec les gravures avant la lettre et les eaux-fortes.
Il en a été tiré aussi quatre exemplaires sur très-grand papier colombier, dont un a été vendu 1200 fr. Bailly ; un autre, *m. r. dent. tab. avec les eaux-fortes*, 2660 fr. Schérer.

— Les mêmes. *Paris, Didot*, 1795, 32 vol. in-12.
— Les mêmes, édition conforme à l'édition originale de Genève, augm. de nouvelles pièces. *Lyon*, 1796, 33 vol. in-8, fig., 40 fr., et 33 vol. in-12, fig., 30 fr.
— Les mêmes. *Paris, de l'impr. de Didot l'aîné. — Bozerian.* 1796-1801, 25 vol. gr. in-18, sur pap. vélin.

Cette jolie édition , tirée à 100 exemplaires seulement, a l'avantage d'être rangée dans un meilleur ordre que les autres ; les *Confessions* y sont imprimées sur le manuscrit autographe déposé aux archives nationales, lequel contient des additions singulières. On y a joint des gravures d'après Moreau, dont les premières épreuves sont avant les cadres : elle coûtait 240 fr.

Il y a un exempl. sur vélin, et deux sur papier plus beau', et un peu plus grand que celui du reste de l'édition.

— Les mêmes. (Édition dirigée par MM. Naigeon, Fayolle et Bancarel). *Paris, de l'impr. de Didot l'aîné*, an IX (1801), 20 vol. in-8 , sur pap. vélin.

Édition faite en même temps que la précédente , et avec le même caractère : 200 fr.

— OEuvres complètes de J.-J. Rousseau. Édition stéréotype, d'après le procédé de MM. Didot. *Paris, P. et F. Didot*, 1808 et ann. suiv. , in-18.

Cette édition devait former 45 volumes, mais il n'en a été publié que l'Émile, 3 vol.; la Nouvelle Héloïse, 4 vol., et les Confessions, 4 vol. On peut se procurer chaque ouvrage séparément.

— OEuvres complètes de J.-J. Rousseau, citoyen de Genève. (Nouv. édition, revue, augmentée et publiée par MM. Villenave et Depping). *Paris, A. Belin*, 1817 , 8 vol. in-8 , avec 14 pl. de musique et un fac simile , 56 fr.

Cette édition, quoique peu volumineuse, n'en était pas moins la plus complète qui eut été publiée jusqu'alors. On y trouve des Lettres de Rousseau qui n'avaient été imprimées qu'en 1798 et 1803, et qui ne faisaient partie d'aucune des précédentes éditions. Voici son contenu et sa division :
Tome I. Avertissement des (nouveaux) éditeurs; une Notice sur la Nouvelle Héloïse; la première et la seconde préface de la Nouvelle Héloïse; et les six parties de la *Nouvelle Héloïse*; suivies des Amours de milord Édouard Boston (trad. de l'allemand de Werthes), des sujets d'estampes, et enfin de la table du volume.
Tom. II, *Émile , ou de l'Éducation ;* — Émile et Sophie, ou les Solitaires.
Tom. III. Notice (par les nouveaux éditeurs) sur les divers écrits contenus dans ce volume ; — J.-J. Rousseau, citoyen de Genève, à Christophe de Beaumont, archevêque de Paris;—*Lettres écrite de la Montagne ; — Discours sur l'origine et les fondements de l'inégalité parmi les hommes* , et la Lettre à M. Philopolis (Ch. Bonnet) : — *Discours sur l'économie politique ;* — Extrait du Projet de paix perpétuelle de M. l'abbé de Saint-Pierre: — Polysinodie de l'abbé de Saint-Pierre : — *Du Contrat social ;* —Considérations sur le gouvernement de la Pologne ; — Lettres à M. Buttafoco sur la législation de la Corse.
Tom. IV, *Écrits sur la musique* , précédés d'une Notice (par les nouveaux éditeurs) sur les divers écrits contenus dans ce volume, lesquels sont : le Dictionnaire de musique ; — Projet concernant de nouveaux signes pour la musique ; — Dissertation sur la musique moderne ; — Essai sur l'origine des langues ; — Lettre sur la musique française ; — Lettre d'un symphoniste de l'Académie royale de musique ; — Lettre à M. l'abbé Raynal sur un nouveau mode de musique inventé par M. Blainville ;

— Examen de deux principes avancés par M. Rameau ; — Lettre à M. Burney sur la musique ; — Fragments d'observations sur l'*Alceste* italien de M. le chevalier Gluck ; — Extrait d'une réponse du petit faiseur à son prête-nom , sur un morceau de l'*Orphée* de M. le chevalier Gluck ; — Sur la musique militaire. Ce volume est accompagné de 14 planches de musique gravée.
Tom. V, Notice (par les nouveaux éditeurs) sur les écrits contenus dans ce volume ; — Lettre à M. d'Alembert ; — Lettre à M. Vernes ; — Réponse à une lettre de M. Leroy ; — Réponse à une lettre anonyme ; — le Théâtre (comprenant Narcisse, les Prisonniers de guerre, Pygmalion, l'Engagement téméraire , les Muses galantes, le Devin du village , et Lettre à M. Lenieps ; la Découverte du Nouveau-Monde , Fragments d'Iphis , Courts fragments de Lucrèce) ; — Quatre Lettres à M. le président Malesherbes ; — les Rêveries ; — Fragments pour un Dictionnaire des termes d'usage en botanique ; — Lettres sur la Botanique, etc., etc., etc. , etc. ; — Les Mélanges (comprenant le Lévite d'Éphraïm , le Persifleur, la Reine fantasque, les Lettres à Sara, Poésies , traductions , etc., etc.; — les principaux airs gravés de la musique du Devin du village.
Tom. VI, *les Confessions,* précédées d'une Notice sur cet ouvrage.
Tom. VII, Rousseau , juge de Jean-Jacques , et l'histoire de cet écrit ; — le Discours couronné à Dijon , en 1750 ; — Lettre à M. Raynal ; — Lettre à M. *** ; — Réponse au roi de Pologne ; — Dernière Réponse à M. Borde ; — Lettre de J.-J. Rousseau sur une nouvelle réfutation de son Discours, et enfin, la *Correspondance* de 1732 à 1762. On a inséré à leurs dates toutes les lettres publiées jusqu'à ce jour, et on en a ajouté plusieurs inédites.
Tom. VIII. Correspondance de 1763 à 1778, avec la table des matières contenues dans la Correspondance , et une autre des personnes à qui sont adressées les lettres ;—Liste des divers ouvrages de Rousseau, et des écrits auxquels ses actions et ses travaux littéraires ont donné lieu.

— OEuvres de J.-J. Rousséau. Nouvelle édition. *Paris, de l'impr. de Didot aîné.— Lefèvre, et Déterville*, 1817-18 , 18 vol. in-8, sur pap. superfin d'Auvergne, ornés d'un portrait, de vingt figures, et de planches de musique gravée, 108 fr. ; sur pap. vélin, 216 fr.

— OEuvres choisies de J.-J. Rousseau. *Leipzig, G. Fleischer*, 1818, 12 vol. in-8, 26 fr. 50 c.

— OEuvres de J.-J. Rousseau, *Paris, de l'impr. de Crapelet. — Ledoux et Tenré*, 1818-19, 20 gros vol. in-18, ornés de 20 figures d'après Moreau, et de musique gravée, 50 fr.

On pouvait autrefois se procurer séparément : Émile, 3 vol., fig., 10 fr.; la Nouvelle Héloïse, 3 vol., fig., 10 fr., et les Confessions, 2 vol. , fig., 9 fr.

— OEuvres complètes de J.-J. Rousseau. Nouvelle édition (avec des suppléments, des notices et des notes, par M. Musset-Pathay). *Paris, veuve Perronneau; Guillaume et Cie*, 1818-20, 20 vol. in-12, avec 10 fig. et un fac-simile, 80 fr. ; et sur pap. vélin, 160 fr.

En tête du tome IV, on trouve l'Éloge de Rousseau ; par d'Escherny.

Le vingtième volume (troisième et dernier de la Correspondance) est terminé par des tables, 1° analytique des matières contenues dans la Correspondance ; 2° des noms des personnes à qui ces lettres sont adressées ; 3° analytique des OEuvres de J.-J. Rousseau, d'après l'ordre suivi dans cette édition ; 4° enfin, par une table chronologique.

Les éditeurs joignaient à cette édition *la Correspondance avec Mad. Latour de Franqueville et M. Du Peyrou*, Paris, de l'impr. de Cellot, 1820, 2 vol. in-12, ce qui complète le nombre de 22 vol., qu'ils avaient promis.

— OEuvres de J.-J. Rousseau, avec des notes historiques (par G. Petitain). *Paris, de l'impr. de Crapelet.* — *Lefèvre*, 1819-20, 22 vol. in-8, ornés d'un portrait de Rousseau, de six vues des habitations de Rousseau, de 12 figures dessinées par M. Desenne, des principaux airs du Devin du village, et d'un choix de romances, 132 fr.; sur grand pap. vélin, tiré à 60 exemplaires, 352 fr.

Cette édition occupe un rang distingué parmi le grand nombre de celles que nous avons de cet écrivain célèbre. On n'y trouve pourtant point les Lettres de madame de Latour de Franqueville, ni celles de Du Peyrou, ni les Lettres originales à madame ***, madame de Luxembourg, M. de Malesherbes, publiées par Pougens ; mais elle est enrichie d'un *Apendice aux Confessions de Rousseau*, et de quelques autres opuscules de l'éditeur, notamment de la *Réfutation d'une opinion de J.-J. Rousseau sur les* Fables de La Fontaine, d'un morceau intitulé : *Des idées de Rousseau sur la richesse et sur son prix réel*, etc., opuscules insérés l'un et l'autre au tome XXII.

Le tome XXI renferme, 1° sous le titre d'*articles supplémentaires* : une Lettre de Rousseau au prince Beloselki, du 27 mai 1785 ; la traduction d'une Lettre de David Hume à Suard ; et une Addition à l'Appendice aux Confessions ; 2° un *Vocabulaire des mots, expressions et locutions remarquables employés par J.-J. Rousseau*, par l'éditeur ; 3° une *Table générale et analytique des matières* contenues dans les OEuvres de J.-J. Rousseau ; 4° la Notice des principaux écrits relatifs à la personne et aux ouvrages de J.-J. Rousseau, par A.-A. B. (*A.-A. Barbier*), nouv. édit., rev., corr. et augm.

Le tome XXII offre, sous forme de *Supplément*, ce qui a été écrit de plus remarquable sur J.-J. Rousseau et sur ses ouvrages, soit dans un sens favorable, soit dans un sens contraire : on y trouve les jugements de MM. de Barante, Ch. Lacretelle, Aubert de Vitry, Geoffroy, Ch. Bonnet, d'Escherny, Dussault, Fiévée, G. Petitain (l'éditeur), B. Constant, Michaud, Ginguené, La Harpe, Servan, Corancez, Lebègue de Presle et J.-J. Magalhaens, etc., etc.

— OEuvres de J.-J. Rousseau. *Paris, de l'impr. de P. Didot l'aîné.* — *E.-A. Lequien*, 1820-24, 21 vol. in-8, avec un portr. et 14 pages de musique gravée, 90 fr.; ou avec 18 gravures, 100 fr.; et sur pap. vélin, figures avant la lettre, 200 fr.

Distribution de cette édition: Tom. I—III, Con-

fessions. Le troisième volume est terminé par un Précis des circonstances de la vie de J.-J. Rousseau, depuis l'époque où il a terminé ses Confessions jusqu'à sa mort (signé Musset-Pathay) ; les Quatre Lettres à Malesherbes, les Rêveries du promeneur solitaire, et les écrits en forme de circulaire. T. IV, *Discours* ; — Tom. V, *Politique* ; — Tom. VI et VII, *Nouvelle Héloïse* ; — Tom. VIII et IX, *Émile* ; — Tom. X, *Lettres de la Montagne*, précédées de la *Lettre à M. de Beaumont*, et suivies de la Vision de Pierre-le-Voyant ; — Tom. XI, *Théâtre*, précédé de la *Lettre à M. d'Alembert*, et de l'*Imitation théâtrale*, avec 14 pages de musique gravée; — Tom. XII, *Mélanges* ; — Tom. XIII, *Écrits sur la musique* ; — Tom. XIV et XV, *Dictionnaire de musique* (dont il existe des exemplaires tirés à part). — Tom. XVI, *Dialogues*, précédés de la déclaration relative à M. Vernes ; — Tom. XVII—XX, XXI, *Correspondance* et Tables.

Le xxie volume est composé d'un Supplément à la Correspondance, de la Notice des principaux écrits relatifs à la personne et aux ouvrages de J.-J. Rousseau, par A.-A. Barbier, et des Tables de l'ouvrage.

Les gravures (d'après Desenne) de cette édition avaient déjà servi à décorer celle donnée peu de temps avant par M. Lefèvre.

— Les mêmes (de la même édition). *Paris, de l'impr. de J. Didot aîné.*—*E.-A. Lequien*, 1823-26, 20 vol. in-8, 90 fr., ou sur pap. fin d'Annonay, 100 fr.

Édition aussi complète que celle de 1820 à 1824, en 21 vol. Les trois premiers volumes n'ont été publiés qu'en 1826.

Il y a des exemplaires auxquels on a joint 19 gravures d'après Desenne : ceux-ci ont coûté 90 fr.; d'autres, auxquels on a ajouté 60 figures d'après Moreau. Ces derniers ont coûté 100 fr., et sur pap. fin d'Annonay, 120 fr.

— J.-J. Rousseau. Édition publiée par M. Touquet. *Paris, l'Éditeur ; Baudouin frères*, 1820-21, 12 vol. in-12, 24 fr.

Cette édition, promise d'abord en huit volumes, a été terminée en douze, qui renferment :

Tom. Ier, Politique et Discours. Tom. II et III, Émile, Émile et Sophie, et Lettre à M. de Beaumont. Tom. IV et V, la Nouvelle Héloïse. Tom. VI, Lettres, Mélanges et Théâtres. Tom. VII et VIII, les Confessions, quatre Lettres à M. de Malesherbes, et les Rêveries du promeneur solitaire. Tom. IX et X, Écrits sur la musique.— Lettres sur la Montagne. Tom. XI, Botanique. — Rousseau, juge de Jean-Jacques. Tom. XII, Mélanges. — Pièces de théâtre.

— OEuvres complètes de J.-J. Rousseau. Nouv. édition, ornée du portrait de l'auteur, et de 63 gravures, d'après les dessins de Moreau jeune. *Paris, Thomine et Fortic*, 1822-25, 25 vol. gr. in-18, fig., 62 fr. 50 c.

Cette édition, annoncée en 24 vol., a été terminée en 25.

— OEuvres de J.-J. Rousseau. (Nouv. édition, collationnée sur les meilleurs textes et sur les manuscrits autographes ; suivie d'un Commentaire littéraire et grammatical, par M. Aignan, de l'Académie française). *Paris, Th. Desoër*, 1822 et ann. suiv., 21 vol. in-18, ornés de 20 gravures, dont un portrait de Rousseau, et un autre de madame de Warens, d'après Moreau le jeune et Dévéria, gravés par Leroux, Pourvoyeur, Manceau, etc., et avec musique grav.: sur pap. fin, 63 fr.; sur pap. coquille, 84 fr.; et sur pap. vélin, 126 fr.

La Correspondance, qui remplit les tomes XVII à XX, comprend 952 lettres : la dernière est du 13 mars 1778. A la suite est un Supplément de 14 lettres. Le Commentaire littéraire et grammatical, par M. Aignan, suivi d'une Table des matières, compose le 21 et dernier volume de l'édition.

M. Enier, acquéreur du restant de l'édition, a fait faire de nouveaux titres à son nom, et qui portent la date de 1826.

— OEuvres de J.-J. Rousseau. *Paris, Garnery*, 1823-24, 24 vol. in-12, 40 fr.; ou avec grav., 48 fr.

— OEuvres complètes de J.-J. Rousseau, mises dans un nouvel ordre, avec des notes historiques et des éclaircissements; par V.-D. MUSSET-PATHAY. *Paris, Dupont; Bossange père; Chassériau*, 1823-26, 23 vol. in-8, 115 fr.; pap. vélin, 230 fr.

Cette édition de Rousseau, la plus estimée jusqu'à ce jour, et en même temps la plus complète, est ainsi divisée : PHILOSOPHIE. Tom. I et II, *Discours*. — Tom. III et IV, *Émile*. — Tom. V, *Politique*. — Tom. VI, *Lettres de la Montagne*; précédées de la Lettre à M. de Beaumont. BOTANIQUE. Tome VII, *Lettres sur la Botanique*. — LITTÉRATURE. — Tom. VIII et IX *Nouvelle Héloïse*. — Tom. X, *Mélanges*, ou Littérature variée. BEAUX-ARTS. — Tom. XI, *Écrits sur la Musique*; — Tom. XII et XIII, *Dictionnaire de musique*. MÉMOIRES ET CORRESPONDANCE. Tom. XIV-XVI, *Confessions*. — Tom. XVII, *Dialogues*. — Tom. XVIII—XXII, *Correspondance*. — Tom. XXIII, Table des matières.

Cette édition renferme, en outre, plusieurs morceaux de l'éditeur; ainsi l'on trouve de lui : 1° dans le tome XIV, un *Examen des Confessions et des critiques qu'on en a faites*; 2° dans le tome XVI, un *Précis des circonstances de la vie de J.-J. Rousseau*, depuis l'époque où il a terminé ses Confessions jusqu'à sa mort; 3° dans le tome XVIII, des *Observations sur les correspondances en général, et sur celle de Rousseau en particulier*. Le premier et le dernier de ces écrits ont été tirés à part (voy. l'article Musset-Pathay).

« Dans le tome II de la Correspondance, on trouve, sous le n° 379, une lettre du 17 mars 1763, adressée à M. K.... M. Musset-Pathay a supposé que cette initiale désignait le nom de M. Keit : c'est une erreur; il s'agit ici de M. Kirch-Berger (Nicolas-Antoine), né à Berne, en 1739, et dont Rousseau parle dans ses Confessions. C'est ce qu'a prouvé, d'une manière incontestable, le savant M. Gence, dans l'article sur Kirch-Berger, de la Biographie universelle ».

« Le tome XXI et dernier de cette édition renferme, entre autres choses, quinze lettres nouvelles, dont quelques-unes, adressées à madame la baronne d'Houdetot, ont été communiquées à l'éditeur par A.-A. Barbier ».

Il est bon de joindre à cette édition, ainsi qu'à celle de 1819—20, en 20 vol. in-12 :

1° OEuvres inédites de J.-J. Rousseau, suivies d'un supplément à l'Histoire de sa vie et de ses ouvrages. Par M. V.-D. Musset-Pathay. Paris, P. Dupont, 1825, 2 vol. in-8, 12 fr.; pap. caval., 15 fr.; ou, avec de nouveaux titres, Paris, Arm.-Aubrée, 1833.

Le premier volume contient les morceaux inédits de l'auteur d'Émile, au nombre de 120, avec les notes de l'éditeur; le second ne contient que des pièces relatives à Rousseau, ou à ses ouvrages, et, entre autres, plusieurs morceaux étendus de M. Eymar sur J.-J.

« 2° Histoire de la vie et des ouvrages de J.-J. Rousseau » (édition tout à la fois réduite et augmentée), 1827, par M. Musset-Pathay, 2 vol. in-8, et in-12, ou un vol. in-8. (Voy. MUSSET-PATHAY).

Il existe des exemplaires de ces 26 volumes en pap. vélin. Les trois derniers ont été tirés sur pap. cavalier vélin, et peuvent se joindre à l'édition de Dalibon, en 27 vol.

On ajoute encore à cette édition la Collection des 65 planches composant la botanique de J.-J. Rousseau, grav. et color. d'après les dessins de Rédouté, citée plus haut.

Cette édition a été réimprimée à Bruxelles, sous la rubrique de Genève, en 1830, 41 vol. in-18.

— OEuvres complètes de J.-J. Rousseau. *Versailles, de l'impr. de Jacob. — Paris, J. Esneaux*, 1823, in-8.

Édition qui devait être composée de 22 volumes, et dont il n'a été publié que les deux premiers de la *Nouvelle Héloïse*, formant aussi les deux premiers de la Collection.

— OEuvres de J.-J. Rousseau. *Paris, Ménard et Desenne*, 1824 et ann. suiv., 16 vol. in-18, ornés de gravures d'après Devéria, et in-12, fig.

.. Édition qui n'a point été achevée, et dont il n'a été publié que 16 volumes, qui sont : Julie, 5 vol.; — Émile, 5 vol.; — le Contrat social, 1 vol.; — les Confessions, 5 vol. On peut se procurer chaque ouvrage séparément.

— OEuvres complètes de J.-J. Rousseau, avec des éclaircissements et des notes historiques; par P.-R. AUGUIS. *Paris, de l'impr. de Jules Didot aîné. — Dalibon*, 1824-28, 27 vol. in-8, sur grand papier vélin d'Annonay, dit cavalier, 202 fr. 50 c., et sur gr. pap. jésus d'Annonay, tirés à 50 exempl., numérotés et cartonnés par Thouvenin, 675 fr.

Chaque volume a coûté : sur pap. cavalier, 7 fr. 50 c., et sur gr. pap. jésus d'Annonay, 23 fr. Il en a été tiré aussi 10 exempl. sur papier de Hollande, dont le prix du volume était de 36 fr.

On peut joindre à cette édition les trois derniers de celle publiée par M. Musset-Pathay, dont il y a des exempl. sur pap. cavalier vélin. Ces trois volumes se composent des *OEuvres inédites de J.-J. Rousseau*; 2 vol., et de l'*Histoire de la vie et des ouvrages de J. J. Rousseau*, 1 vol.

Le travail de M. Auguis sur Rousseau, comme ceux qu'il a donnés sur d'autres auteurs publiés par lui, n'est qu'un plagiat perpétuel des annotations de ses devanciers : ainsi, dans le Rousseau, il n'est pas d'éclaircissements, de notes historiques, voire même d'avant-propos et de préfaces qui ne soient copiés textuellement les autres éditeurs. MM. Lequien et Musset-Pathay ont été cette fois-ci les bailleurs d'érudition de M. Auguis, et on peut affirmer que, dans l'édition de Rousseau publiée par ce dernier, il n'est pas une note qu'il n'ait prise dans l'une ou dans l'autre édition de ses devanciers.

Nous citerons ici plusieurs exemples, afin de bien faire connaître la probité littéraire de M. Auguis, comme éditeur. Le tome VI (qui contient le Contrat social) est précédé d'un *avant-propos*. Rien n'y est guillemeté : cependant les pages VII, VIII, IX, et un tiers de la page x, de cet *avant-propos*, sont (sauf quelques mots supprimés, ajoutés ou estropiés) copiés textuellement dans les Lettres à Sophie, par Mirabeau (Lettre du 19 juin 1780, pag. 352—355 du tom. III de l'édition Brissot-Thivars; nouveau plagiat bibliographique bon à signaler. Le tom. VII, contenant la Lettre à M. de Beaumont et les Lettres de la Montagne, ne renferme aucun *éclaircissement* ou *note historique* qui ne soit textuellement dans les éditions de M. Lequien, ou de M. Musset-Pathay; seulement M. P. R. Auguis dit, page 367 : « Voltaire répondit à cette plaisanterie par le pamphlet intitulé, etc. » M. Musset avait dit, page 329 de son tome VI : « Voltaire répondit à cette plaisanterie par le libelle intitulé, etc. ». Dans le tome VIII (premier de la Nouvelle Héloïse), les *éclaircissements* et *notes historiques*, qui y sont répandus, sont au nombre de *dix-neuf*, dont neuf étaient dans l'édition Lequien, et *neuf* dans l'édition Musset-Pathay. Les neuf notes extraites *textuellement* de l'édition Lequien, sont aux pages 82, 337, 380, 387, 441, 442, 459, 470, 471 ; les neuf notes extraites *textuellement* de l'édition Musset-Pathay, sont aux pages 92, 188, 275, 316, 408, 409, 412, 421 et 496. La *seule* où il y ait du *nouveau* est page 5 ; elle est relative au manuscrit Luxembourg de la Nouvelle Héloïse. Dans l'édition Lequien, il y avait : « C'est celui qui est à la bibliothèque du *Corps-Législatif* ». M. Auguis a mis : « C'est celui qui est à la bibliothèque de la *Chambre des députés*. Toutefois, les notes des éditions Lequien et Musset Pathay n'ont pas toutes été prises, et même n'ont pas été prises entières, de telle sorte que le volume n'offre (l'avant-propos excepté, formant xxij pag.) rien que ne contiennent ces éditions; mais il ne renferme pas tout ce qui s'y trouve. Dans l'avant-propos de ce tome VIII, onze lignes sont guillemettées, et La Harpe, leur auteur, est cité. Tome VIII (2e de la Nouvelle Héloïse), la note, page 186, indiquée comme n'étant pas de Rousseau, est de cet auteur. En revanche, la note de la page 126, indiquée comme étant de lui, n'en est pas. Au total, les *éclaircissements* et *notes historiques*, promis par le frontispice, sont au nombre de cinq, dont deux étaient textuellement dans l'édition de M. Lequien, et deux textuellement dans celle de M. Musset-Pathay. Les deux notes prises dans l'édition de Lequien sont aux pages 13 et 134 ; les deux notes prises dans celle de Musset-Pathay sont aux pages 126 et 160 ; reste donc à M. Auguis une *seule* note ; c'est celle de la page 303. ainsi conçue : « On lit *Maïs* dans *quelques* éditions ». M. Lequien avait dit : On lit Maïs dans *presque toutes* les éditions. M. Auguis, page 127, à la fin de la note Musset Pathay, qu'il n'a reproduite qu'en en supprimant quelques mots, a ajouté ceux-ci : Voy. la note de la page 140 de ce volume.

Tout le travail littéraire de M. Auguis étant de cette force, nous bornons nos preuves des plagiats de cet éditeur à celles que nous venons d'énumérer. Les personnes curieuses de les annoter pourront le faire en consultant la table du Journal de la librairie, année 1824, et plus particulièrement encore celle de l'année 1825, pag. 278. où M. Beuchot, sous le titre de *Plagiats de M. Auguis*, renvoie à 14 numéros de cette année 1825 de son journal, où ils sont signalés ; c'est là que nous avons pris notre note.

M. Musset-Pathay a publié aussi, sous le voile de l'anonyme, un « Premier Examen critique de l'édition de Rousseau, publiée par M. Auguis ». Paris, de l'impr. de Gaultier-Laguionie, 1824, in-4 de 2 pages.

— OEuvres complètes de Rousseau, avec des éclaircissements et des notes historiques (par M. P.-R. Auguis). *Paris, de l'impr. de Jules Didot l'aîné. — H. Feret, 1825 et ann. suiv., 26 vol. in-8, sur carré fin, 91 fr.*

Édition tirée sur les mêmes formes que les précédentes. La réduction de 27 volumes à 26 vient de ce que l'on a omis, dans le tirage que nous citons, la partition du Devin du village, qui, dans l'édition précédente, forme le XVIe volume.

Une moitié de cette édition porte le nom de Henri Feret, et l'autre les noms de H. Feret et Baudouin frères. Les premiers volumes ont porté primitivement le nom de Dalibon.

— OEuvres complètes de J.-J. Rousseau, avec des notes de tous les commentateurs. Nouv. édition, ornée de 42 vignettes, gravées par nos plus habiles artistes, d'après les dessins de Devéria. *Paris, de l'impr. de Doyen. — Dalibon, 1825 et ann. suiv., 25 vol. in-8, 125 fr.*

Cette édition a été faite pour le compte de trois libraires : Dalibon, H. Feret et les frères Baudouin ; aussi chacun a-t-il fait imprimer, pour son tiers, des frontispices à son nom.

Son prix de souscription était de 3 fr. 50 c. le volume, sans vignettes ; et de 5 fr. avec vignettes.

Les gravures ont été distribuées par cahiers, au nombre de neuf. (Voy. ce que nous disons de cette suite de gravures à la fin de cet article).

— OEuvres complètes de J.-J. Rousseau, avec des notes et des éclaircissements. IIIe édit. (dirigée par M. Léon Thiessé). *Paris, Baudouin frères, 1825-30, 25 vol. in-8, 56 fr. 25 c.*

Édition faite sur des clichés qui ont servi depuis à plusieurs tirages faits au nom des frères Baudouin, ensuite à celui des frères Pourrat, ensuite à celui de Bazouge-Pigoreau, prête-nom des frères Pourrat.

La réimpression faite par les frères Pourrat, en 1831, est en 25 volumes, et a coûté 3 fr. le volume. Celle qui porte le nom de Bazouge-Pigoreau, 1832, est aussi, comme ses aînées, en 25 volumes. Mais les éditeurs, pour tromper le public, et faire croire à une édition nouvelle, ont, à l'aide de titres, réuni 2 volumes en un seul tome, au moyen de cette indication : tome 1re partie ; — tome 2e partie. M. Bazouge-Pigoreau n'étant qu'un prête-nom, donnait, pour 53 fr. la même édition que ses patrons vendaient à leurs magasins 75 fr.

— OEuvres complètes de J.-J. Rousseau. *Paris, Verdière; A. Dupont; Ponthieu; Bossange père, 1825, 1 vol. gr. in-8, 50 fr. sur pap. coquille vélin, satiné, 62 fr.*

Ce volume a été publié en vingt-cinq livraisons. Il a été reproduit, en 1826, avec un nouveau titre portant pour adresses celles de Sautelet, Verdière et

A. Dupont. Le prix en a été réduit à 5o fr., et depuis 1826 à 18 fr.

— OEuvres complètes de J.-J. Rousseau, avec les notes historiques et critiques de tous les commentateurs. *Paris, Arm. Aubrée*, 1829-32, ou 1830 et ann. suiv., 17 vol. in-8.

Édition copiée sur celle de Dalibon, 1825 et ann. suivantes, conséquemment réimpression de celle soignée par M. Auguis.

M. A. Aubrée joint à ces 17 volumes les 1° *OEuvres inédites de J.-J. Rousseau, suivies d'un Supplément à l'Histoire de sa vie et de ses ouvrages*, par V.-D. Musset-Pathay, 2 vol. in-8, dont il a acquis le restant de l'édition, et pour lequel il a fait faire de nouveaux titres portant son nom et la date de 1833; 2° *Histoire de la vie et des ouvrages de Rousseau*, par le même auteur, 1 vol. En tout, 20 vol., 45 fr.

Le libraire-éditeur a fait graver pour l'ornement de cette édition, une collection de 15 gravures, d'après de nouveaux dessins de MM. Johannot, Devéria et Burdet, gr. in-8, 11 fr. 25 c.

— OEuvres complètes, avec les notes de tous les commentateurs. *Paris, quai Voltaire*, 1830, .. in-12.

Cette édition devait former 16 volumes, mais il n'en a été publié que les tomes V, VII, XI et XIV.

— OEuvres complètes, avec des notes historiques. *Paris, Furne*, 1835 et ann. suiv., 4 vol. gr. in-8, imprimés à deux colonnes, et ornés de gravures, 40 fr.

Édition qui a été publiée en 80 livraisons.

— OEuvres inédites de J.-J. Rousseau, suivies d'un Supplément à l'Histoire de sa vie et de ses ouvrages, par V.-D. Musset-Pathay. *Paris, A. Dupont*, 1825, 2 vol. in-8, pap. caval., 15 fr.; ou, avec de nouveaux titres, *Paris, Arm. Aubrée*, 1833, 2 vol. in-8.

Voyez, pour le contenu de ces deux volumes, la fin de la note qui se trouve après la citation de l'édition du Rousseau, due à M. Musset-Pathay, (page 202).

—

— Collection de 6o estampes pour les OEuvres de Rousseau, gravées d'après MM. Moreau jeune et Lebarbier, par M. Delignon, Dupréel, etc. Prix : 3o fr. avec la tablette, et 8o fr. sans la tablette, ou premières épreuves.

— Collection (nouvelle) de figures, pour les OEuvres de J.-J. Rousseau, composée de 48 estampes, destinée à orner l'édition en 25 vol. in-12, et 20 vol. in-8, pap. vélin, de Renouard, et pouvant servir aussi à celle de Poinçot, et à toute édition in-12 et in-8. *Paris, Renouard*, 1804, huit livraisons, chacune de 6 grav., 24 fr.

— Collection de trente-huit estampes pour les OEuvres de J.-J. Rousseau, in-4, gravées d'après les dessins de MM. Moreau, Lebarbier, Delatour, par MM. Saint-Aubin, Ingouff, Lemire, Choffard, Delaunai, Martini, Dambrun, Halbou, etc. *Paris, Calixte Volland*, 1806, 6 livraisons, 24 fr., et sur pap. nom de jésus, 36 fr.

— Collection de 4o vignettes et deux portraits (ceux de J.-J. Rousseau et de madame de Warens), gravés par MM. Forster, Laugier, Muller, etc., d'après les dessins de Devéria. *Paris, Dalibon*, 1825 et ann. suiv., in-8.

Cette suite a été publiée en 9 livraisons, les huit premières de cinq vignettes chacune, et le neuvième de deux portraits.

Elle a été tirée sur plusieurs papiers, ce qui a établi une différence de prix : 1° sur pap. gr. raisin vélin, format in-8, 10 fr. la livr., ou complète, 9o fr.; 2° sur pap. gr. raisin vélin, épreuves avant la lettre, 2o fr. la livr., ou complète, 18o fr.; 3° sur grand raisin vélin, épreuves avant la lettre, sur pap. de Chine, 3o fr. la livr., ou complète, 27o fr.; 4° eaux-fortes, tirées sur pap. de Chine, 15 fr. la livraison, ou complète, 135 fr.

Un autre tirage plus ordinaire, fait après tous les autres, et par conséquent d'épreuves fatiguées, se joignait au Rousseau de Dalibon, 1825 et ann. suiv., 25 vol. in-8. Ce tirage coûtait 4 fr. la livraison, ou complet, 36 fr.

Aucun de ces prix ne se sont soutenus.

— Vignettes (au nombre de 15) pour les OEuvres de Rousseau, d'après les nouveaux dessins de MM. Johannot, Devéria et Burdet, gravées par MM. Blanchard, Pourvoyeur, etc. *Paris, Arm. Aubrée*, 1830, gr. in-8, 11 fr. 25 c.

VIII. EXTRAITS DES OUVRAGES DE ROUSSEAU.

— Pensées de J.-J. Rousseau, extraites de ses ouvrages (par l'abbé de LAPORTE). *Amsterdam, et Paris, Panckoucke*, 1763, 1764, in-12. — Autre édition, augm. *Amsterdam, et Paris, Panckoucke*, 1766, 2 vol. in-12; — *Paris, Panckoucke*, 1773, in-8; — *Avranches, Lecourt*, 1792, in-12.

— Esprit, Maximes, et Principes de J.-J. Rousseau (recueillis par PRAULT, libraire, avec une préface, par l'abbé de LAPORTE). *Paris, Duchesne*, 1763, 1764, in-8 et in-12; — *Neufchâtel*, 1764, in-12; — *Ibid.*, 1791, in-8.

— Maximes diverses de Rousseau, et plusieurs ouvrages relatifs à ceux de cet auteur. 1764, in-8.

— Esprit (l') de J.-J. Rousseau, avec

une préface. (Par Dom Alex.-Nic. Dupuis). 1764, in-12.

— Pensées de J.-J. Rousseau. *Amsterdam , Pierre Erialed (Avignon , Delaire)*, 1765, 2 part. in-12; ou *Genève , et Paris ,* 1794, 2 vol. in-12.

— Étrennes pour l'éducation de l'un et de l'autre sexe, tirées des ouvrages de M. Rousseau. 1770, in-12.

— Portrait de J.-J. Rousseau, en dix-huit lettres, qui présentent une courte analyse de ses principaux ouvrages; par de Longueville, écrivain public. Amsterdam , et Paris , 1779, in-8.

— Pièces diverses de Rousseau. *Londres ,* 1782, 4 vol. in-12.

Extrait de ses ouvrages.

— Letters (two) on Suicide, from Rousseau's Eloisa.

Imprimées à la suite de l'ouvrage intitulé : Essays on Suicide, and the Immortality of the Soul , ascribed to the late David Hume, Esq., never before published. With remarks, intended as an Antidote to the poison contained in these performances, by the editor. London , 1783, in-12. (Q.).

— Thoughts of J.-J. Rousseau. By Henrietta Colebrooke. 1788, 2 vol. in-12. (Q.).

— Morceaux choisis de J.-J. Rousseau. 1790, 2 vol. in-12.

— Almanach des plus belles pensées de J.-J. Rousseau , suivi du Rapport fait au nom du comité d'instruction publique, et des sublimes cérémonies observées à la translation de ses cendres au Panthéon , le second décadaire de vendémiaire, l'an III de la République une et indivisible. *Paris, Prévost ,* ..... in-18.

— Ueber naturl. und geoffenb. Religion ; e. Bruchst. aus d. Emil von J.-J. Rousseau ; neu übers. *Neustr. , Michaelis ,* 1796, in-8. (Q.).

Il y a des exemplaires qui portent pour titre : *J.-J. Rousseau's Glaubensbekentuiss.*

— Véritable (le) Esprit de J.-J. Rousseau, ou Choix d'observations, de maximes, et de principes sur la morale, la religion, la politique et la littérature, tiré des OEuvres de cet écrivain, et accompagné de notes de l'éditeur, par M. l'abbé Sabatier , de Castres. *Metz, Collignon ,* 1804, 3 vol. in-8, 12 fr.

C'est le recueil de ce que Jean-Jacques a écrit en faveur de la morale, du gouvernement monarchique, avec des notes; le tout précédé d'une Introduction de 93 pages. Geoffroy a donné de grands éloges à cette compilation.

— J.-J. Rousseau (le) de la jeunesse, avec quelques notes (par Nougaret). *Paris ,* 1808, 2 vol. in-12, 5 fr.

— Rousseana : ou Recueil d'anecdotes, bons mots, maximes de J.-J. Rousseau , par Cousin, d'Avalon. *Paris, Lebel ,* 1810, 1811, in-18.

— Morceaux choisis de J.-J. Rousseau , publiés par M. Musset-Pathay. *Paris ,* 1817, 2 vol. in-18.

— J.-J. Rousseau peint par lui-même: ses Confessions , avec des notes nouvelles; ses Dialogues; les Rêveries du promeneur solitaire , etc.; augmenté de l'Éloge de Jean-Jacques , de l'Examen de sa philosophie, de ses ouvrages; par M. le comte d'Escherny , etc.; avec un beau portrait de Jean-Jacques, un fac-simile de son écriture, et cinq jolies gravures. *Paris ,* 1819, 4 vol. in-12.

— Pensées et Maximes de J.-J. Rousseau. *Paris , Roret et Roussel ,* 1820, 2 vol. in-18 , 3 fr.

— Pensamientos de J.-J. Rousseau, ó sea el espiritu de este grande hombre en suas obres. *Burdeos ,* 1824, 2 vol. in-12, 7 fr.

— Fragments tirés des OEuvres de J.-J. Rousseau , suivis de huit Lettres inédites. (Publiés par Moultou). *Genève ,* 1829, in-8. (Q.).

J.-M. Q.

NOTICE

DES PRINCIPAUX ÉCRITS

RELATIFS A LA PERSONNE ET AUX OUVRAGES

DE J.-J. ROUSSEAU (a).

RÉFLEXIONS PRÉLIMINAIRES.

—

La postérité est venue pour J.-J. Rousseau. Les amis et les ennemis de ce philosophe l'ont regardé de son vivant comme le plus éloquent de nos écrivains; mais on a eu à gémir de trouver en lui un caractère défiant et ombrageux, qui l'a brouillé successivement avec toutes les personnes qui lui ont témoigné de l'intérêt. Ce caractère était l'effet d'une maladie qui a pris de funestes accroissements, puisque, peu peu d'années avant sa mort, l'infortuné J.-J. Rousseau crut que tout le monde conspirait contre lui (b). Le souvenir des tracasseries occasionnées par ce déplorable caractère, s'efface de jour en jour : J.-J. Rousseau est apprécié aujourd'hui par ses ouvrages, bien plus que par sa conduite particulière. Or, comme il a parlé, dans presque toutes ses productions, le langage de la plus sublime vertu, il n'est pas étonnant que la génération actuelle accueille avec tant de faveur les différentes éditions de ses œuvres.

Les ouvrages de J.-J. Rousseau sont la meilleure apologie qui puisse être faite de cet homme de génie; cependant on aime à savoir quels ont été, parmi ses contemporains, ses défenseurs et ses adversaires : c'est ce qui a fait croire qu'à côté de l'indication des ouvrages de J.-J. Rousseau, on lirait avec intérêt une notice des principaux écrits publiés pour ou contre lui, pendant le dix-huitième siècle et au commencement du dix-neuvième. De soigneuses recherches ont fait découvrir les noms de presque tous ces écrivains. Cette Notice démontrera que les adversaires de J.-J. Rousseau ont été en général des ministres de différents cultes, tandis que l'on remarque parmi ses défenseurs, des pères et des mères de famille, des hommes passionnés pour le progrès des connaissances, et des femmes dociles à la voix de l'écrivain qui les rappelait à leurs devoirs.

Parmi les dames qui ont défendu le philosophe de Genève, on distinguera à jamais madame Latour de Franqueville, bien connue depuis la publication de sa correspondance avec J.-J. Rousseau, relativement à la *Nouvelle Héloïse*; mais notre Notice fera voir que cette femme spirituelle et sensible s'est montrée, pendant vingt ans, la constante amie de J.-J. Rousseau. Après avoir contribué à le justifier dans sa funeste dispute avec Hume, elle a encore pris sa défense, après sa mort, contre La Harpe, qui s'était exprimé avec beaucoup de légèreté sur J.-J. Rousseau, dans le « Mercure de France »; contre d'Alembert, qui en avait parlé avec mépris dans son « Éloge de milord maréchal »; contre Diderot, qui avait déposé, dans son « Essai sur la vie de Sénèque », la note la plus outrageuse à la mémoire du philosophe de Genève; contre de La Borde, qui, dans son « Essai sur la Musique », avait consacré à J.-J. Rousseau une notice pleine de partialité. Pour faire une plus vive impression sur ses lec-

---

(a) Cette Notice est celle que A.-A. Barbier a insérée dans les « Annales encyclopédiques », juillet 1818, et dont il fut tiré à part quelques exemplaires. Réimprimée, avec des additions, dans le Rousseau publié chez M. Lefèvre, en 1819-20, elle l'a encore été, avec de nouvelles additions, dans le 21ᵉ volume du Rousseau publié chez M. Lequien, de 1823 à 1826. La quatrième édition, que nous donnons ici, mise dans un nouvel ordre, est augmentée de l'indication des ouvrages pour et contre Rousseau, publiés postérieurement à l'impression de la troisième édition : on y trouve aussi les titres de quelques écrits, antérieurement publiés, et qui avaient échappé aux investigations de A.-A. Barbier. Ces nouvelles additions, au nombre d'environ cinquante, sont dues, en grande partie, à M. Louis Barbier, sous-bibliothécaire du Roi au Louvre, et fils aîné de notre savant bibliographe.

(b) Senebier, compatriote de Rousseau, a, dans son Histoire littéraire de Genève, consacré une Notice à l'homme célèbre qui fait le sujet de cet article. Dans cette Notice, très-impartiale, quoique rédigée par un compatriote, et remplie de conve-

nances, ce qui la distingue de celle que M. Sevelinges a fait insérer dans la Biographie universelle, Senebier a défini d'une manière péremptoire les causes de la bizarrerie du caractère qu'on reproche généralement à Rousseau : elles sont au nombre de deux.

« Dès 1748, Rousseau s'aperçut des premières atteintes d'un mal de vessie qui le tourmenta tant qu'il vécut, qui le força de fermer son âme aux plaisirs de la société, et qui lui fit rechercher la solitude ». Voilà la première cause.

La seconde a eu une plus fatale influence sur son caractère. « Rousseau épousa, en 1769, pendant son séjour aux environs de Lyon, Thérèse Le Vasseur, sa gouvernante : elle méritait, sans doute, sa reconnaissance pour les soins qu'elle avait pris de lui; mais devait-elle être sa confidente et son guide. Thérèse était sans instruction, ni talent, ni graces. (M. Ravenel a fait insérer dans la Revue rétrospective; 2ᵉ série, tom. II, pag. 311, une *Lettre écrite à J.-J. Rousseau par sa femme*, qui donne une idée bien précise du degré de culture de l'esprit de cette femme). Tous les amis de Rousseau se plai-

teurs, madame de Franqueville s'était couverte de différents masques : tantôt c'était madame Du Riez-Genest, tantôt madame de La Motte , et tantôt madame de Saint-G***, qui prenait la défense de Rousseau. Du Peyrou a publié toutes ces lettres dans le trentième volume de l'édition des *OEuvres de J.-J. Rousseau* , qu'il fit imprimer à Genève, en 1782. Dans une introduction, madame Latour, toujours enveloppée du voile de l'anonyme, instruit le lecteur des différentes circonstances qui lui ont mis la plume à la main en faveur de son ami.

Si les éditeurs de la correspondance de cette dame avec J.-J. Rousseau eussent lu son manuscrit avec attention, s'ils eussent mieux connu les collections des *OEuvres de J.-J. Rousseau* , ils se fussent aisément convaincus de la vérité des détails que je consigne ici. Précédée de ces renseignements, la correspondance de madame de Franqueville eût probablement fait une sensation beaucoup plus vive dans la république des lettres.

Un caractère noble et désintéressé, comme celui de madame de Franqueville, commande l'admiration; car on sait que, longtemps avant sa mort, J.-J. Rousseau interrompit toute correspondance avec cette courageuse amie, la croyant aussi d'intelligence avec ses ennemis. L'honnête Du Peyrou éprouva le même sort; mais ce qui honorera à jamais Du Peyrou et madame de Franqueville, c'est qu'ils n'en ont pas défendu avec moins d'ardeur la mémoire de leur ancien ami.

Cette Notice bibliographique contribuera encore à faire entendre plusieurs articles des belles éditions des *OEuvres de J.-J. Rousseau* , imprimées par Didot l'aîné, en 1800 et 1817. On ignore , en les lisant, le nom de la personne qui s'est cachée sous le nom de *Philopolis* , pour critiquer le *Discours sur l'origine et les fondements de l'inégalité ;* et l'on ne connaît pas davantage celui de ce prétendu académicien de Dijon , qui refusa son suffrage au discours couronné en 1750. Les suppléments à l'édition de Rousseau, de 1782, ont prouvé que le célèbre naturaliste Charles Bonnet s'était caché sous le masque de *Philopolis* , et le médecin Lecat, secrétaire de l'Académie de Rouen , sous celui d'un académicien de Dijon.

On trouve une notice du même genre que celle-ci dans l'excellente « Bibliothèque raisonnée des ouvrages relatifs à l'histoire de la Suisse», publiée à Berne , en 1785, et années suivantes, par M. Emmanuel de Haller, fils du célèbre Albert de Haller, 6 vol. in-8.

M. de Haller ne paraît avoir eu, pour rédiger sa notice, d'autres secours que quelques journaux : aussi est-elle fort incomplète, relativement aux premiers ouvrages de J.-J. Rousseau. Nous avons tâché de remplir cette lacune; nous avons aussi présenté, avec plus de détails, plusieurs articles qu'une extrême concision rend difficiles à comprendre dans le travail de M. de Haller. Une nombreuse collection de journaux , la complaisance de M. Van Praet, conservateur des livres im-

---

gnaient amèrement de Thérèse , et elle me semble, dit Senebier, la cause de tous les malheurs de Rousseau , parce qu'elle fut celle de toutes ses brouilleries et de toutes ses tracasseries ».

« Rien ne contribua davantage à troubler la tranquillité de Rousseau que l'empire de Thérèse Le Vasseur sur son esprit : elle connut les faiblesses de ce grand homme, et elle eut en profiter; elle persuada à Rousseau qu'elle était le seul être digne de son attachement et de sa confiance : il faut le reconnaître, elle lui rendit les plus grands services ; mais, comme si elle eut été jalouse de Rousseau , elle repoussait tous ceux qui parvenaient à lui plaire; et , lorsque Rousseau ne les écartait pas , elle les empêchait de revenir par des refus constants et invincibles. Plusieurs amis de Rousseau ont eu, à ce qu'ils m'ont dit , la démonstration de ce procédé ; aussi ceux qui n'ont pas pénétré ce mystère, ont attribué mal à propos à Rousseau les bizarreries de sa femme »

« Il me semble que l'histoire de Rousseau avec Hume s'explique aisément par ce moyen : si Thérèse a décacheté les lettres de Rousseau ; si elle lui a insinué que c'était l'ouvrage de Hume, dont elle craignait peut-être les regards perçants , Rousseau, sans défiance quand une fois il s'était livré, travaille sur ces idées, voit tout avec des yeux déci-

dés à voir conformément aux idées qu'il s'est fait : il crut tout ce que cette demoiselle put lui suggérer, il y ajouta tout ce que son imagination lui offrit pour donner quelque corps à ce roman , et je suis convaincu qu'en écrivant les rêves de son imagination , il écrivait sur ce sujet avec confiance tout ce qu'il croyait la vérité ».

« Avec cette hypothèse, on expliquera facilement toutes les inconséquences de Rousseau , et l'on trouvera peut-être en lui un malheureux encore plus à plaindre qu'à blâmer : par ce moyen, on verra Rousseau persuadé que chacun s'occupe de lui pour lui nuire , qu'il est toujours seul en bataille contre l'espèce humaine, et qu'il ne la détestait que parce qu'il croyait en être détesté : on comprendra qu'il voulait être plaint, et qu'il aurait pardonné à ses ennemis les maux qu'il leur attribua, s'il avait pu se persuader qu'il y avait beaucoup d'hommes qui déploraient ses malheurs; on verra qu'il ne fut point ingrat , parce qu'il crut rarement aux bonnes intentions de ses bienfaiteurs, et qu'il soupçonnait toujours quelque désir de lui nuire. Je m'arrête; j'en ai assez dit pour prouver la solidité de mon opinion sur ce sujet , et ceux qui liront attentivement les Confessions de Rousseau en trouveront mille preuves ».

primés de la Bibliothèque du Roi ; celle de M. de Soleinne, possesseur d'une très-riche collection de pièces de théâtre ; enfin, un grand recueil de pièces qui se trouvent dans la Bibliothèque particulière du Roi, au Louvre, nous ont mis à même de conduire la Notice, depuis 1785 jusqu'à ces derniers temps.

M. Depping a aussi inséré une Notice bibliographique sur Rousseau, à la fin des OEuvres complètes de J.-J. Rousseau, imprimées à Paris, en 1817, chez A. Belin, 8 vol. in-8.

A.-A. Barbier (juillet 1818).

—

PREMIÈRE PARTIE.

ÉCRITS RELATIFS AUX OUVRAGES DE ROUSSEAU.

—

OUVRAGES SÉPARÉS.

(a) Discours qui a remporté le prix à l'Académie de Dijon, en 1750.

1. Réponse au Discours qui a remporté le prix, etc. (par *Stanislas*, roi de Pologne, et le P. *Menoux*, jésuite). 1751, in-8.

Voyez, dans les OEuvres de Rousseau, les Observations de J. J. Rousseau sur cette Réponse.

Une foule d'écrivains essayèrent de combattre les opinions émises dans cet éloquent Discours, que l'Académie de Dijon avoit eu le courage de couronner. Le premier antagoniste fut le roi de Pologne, à qui Rousseau répondit sans fierté ni bassesse. «Mais, il faut le dire, tous ceux qui attaquèrent l'auteur genevois ne virent pas qu'il n'avoit traité qu'une partie de la question, et qu'en montrant les abus plus ou moins vrais des sciences, il n'avoit pas anéanti les avantages continuels qu'elles procurent. Pour trancher la question, il eût fallu établir la réalité des biens et des maux que les hommes en société retirent des connaissances humaines pour leur bonheur général et particulier, et chercher ensuite de quel côté panche la balance : je doute qu'après ce calcul, Rousseau eut composé son discours, qu'on lira, malgré ce défaut, avec le plus grand plaisir ».
(*Senebier*).
Palissot fit jouer à Nanci, en 1755, une comédie intitulée : *les Originaux*, dans laquelle il outragea sans pudeur l'immortel auteur d'Émile, que, par une burlesque exagération des principes de ce philosophe sur la vie sauvage, il montre marchant à quatre pattes et broutant une laitue. « Le roi de Pologne vit avec une si grande peine l'insulte faite à Rousseau dans cette pièce, qu'il lui fit écrire par M. de Tressan pour lui témoigner son indignation de la hardiesse de Palissot, et lui apprendre qu'il avoit fait ôter à ce dernier sa place à l'Académie de Nanci. Rousseau, sensible au procédé généreux du monarque qui avoit écrit contre lui, le remercia de sa bonté ; et il se vengea du courtisan en sollicitant pour lui, et en lui faisant rendre la place qu'on lui avoit ôtée ». Palissot parut d'abord touché de la noblesse de la conduite de Rousseau, et témoigna par écrit le regret de cette indécente satire ».

(*Senebier*). Mais Palissot ne tarda pas à faire éclater de nouveau sa rage contre Rousseau, et le parti philosophique, dans ses « Petites Lettres sur les grands philosophes (1757), et dans sa comedie des « Philosophes » (1760).

2. Réfutation d'un Discours qui a remporté le prix, etc. Par M. *Gautier*, professeur de mathématiques et d'histoire.

Imprimée dans le Mercure, octobre 1751, et dans les anciennes éditions de J.-J. Rousseau.

3. Discours qui a remporté le prix à l'Académie de Dijon, en 1750, accompagné de la Réfutation de ce Discours, *par un académicien de Dijon qui lui a refusé son suffrage (Lecat).* 1751, in-8 de 132 pag., à deux colonnes.

Dans l'une de ces colonnes est le discours de J.-J. Rousseau ; dans l'autre, est une réfutation de ce discours. On y a joint des apostilles critiques, et une critique de la réponse faite par Rousseau à Gautier. Cet académicien de Dijon supposé, se trouva être *Lecat*, secrétaire perpétuel de l'Académie de Rouen ; et c'est ce qui occasionna le désaveu de l'Académie, portant que la réfutation était un ouvrage pseudonyme. Dans les observations sur le désaveu de l'Académie de Dijon, imprimées sous la rubrique de Londres, chez Kilmarneck, Lecat s'est avoué l'auteur de la Réfutation.
Cette Réfutation a été réimprimée dans le tom. 1er du Supplément à la collection des OEuvres de Rousseau. Genève, 1782.

4. Discours sur les avantages des sciences et des arts, prononcé dans l'assemblée publique de l'Académie des sciences et belles-lettres de Dijon, le 12 juin 1751 (par *Borde*.), avec La Réponse de *J.-J. Rousseau.* Genève, 1752, in-8.

5. Discours (second) sur les avantages des sciences et des arts, par M. B*** (*Borde*). Avignon, Girard, et Lyon, Aimé de la Roche, 1753, in-8.

6. Discours de M. *Le Roi*, professeur de rhétorique au collége du cardinal Lemoine, prononcé le 12 août 1751, dans les écoles de Sorbonne, en présence de MM. du Parlement, à l'occasion des prix fondés dans l'Université ; traduit en français par M. B*** (*Boudet*), chanoine régulier, procureur général de l'ordre de St. Antoine : « Des avantages que les lettres procurent à la vertu ».

Imprimé dans le Journal économique, novembre 1751, et dans le premier volume du Supplément aux OEuvres de Rousseau, 1782.

7. Recueil de toutes les pièces qui ont été publiées à l'occasion du discours de J.-J. Rousseau sur la question proposée par l'Académie de Dijon. Gotha, chez F. Paul Mévier, 1753, 2 vol. in-8.

8. Lettre d'un ermite à J.-J. Rousseau (par de *Bonneval*), 1753, in-8. Voy., dans la Correspondance, la Lettre à Fréron.

9. Examen philosophique de la liaison réelle qu'il y a entre les sciences et les mœurs, dans lequel on trouvera la solution de la dispute de M. J.-J. Rousseau avec ses adversaires (par *Formey*). Avignon et Paris, 1756, in-12 de 74 pages.

10. Jean-Jacques Rousseau dévoilé, ou Réfutation de son discours contre les sciences et les lettres, par M. l'abbé *Aillaud*. Montauban, 1817, in-8.

11. Apologia delle scienze e belle arti, in confutazione del discorso di G.-Giacomo Rousseau premiata dell' Academia di Dijone, dell' abate *Ferdinando Orlandi*. Firenze, tipogr. Magheri, 1831, in-8. (Q.).

(*b*) *Discours sur l'inégalité*, etc., 1754.

Rousseau était retourné à Genève en 1754, et il y avait abjuré la religion catholique-romaine; aussi fut-il réintégré dans ses droits de citoyen : il crut devoir témoigner à la République sa reconnaissance, en lui dédiant son *Discours sur l'inégalité des conditions*. « Cette dédicace doit être comptée entre les plus belles : l'enthousiasme patriotique n'a jamais produit de sentiments plus vifs, de peintures plus touchantes; les vrais Genevois souhaiteront toujours que ce tableau soit la copie fidèle de la ville où ils sont nés, et qu'ils chérissent avec tant de raison. Je ne dirai pas la même chose du Discours que Rousseau composa à Paris : on y trouve le développement des paradoxes qu'il avait insinués dans son premier Discours, et qu'il paraissait commencer à croire. Rousseau, après avoir médit des lettres, parce qu'on en abuse, voudrait ôter toute propriété, parce qu'elle est encore une source d'abus plus dangereux; mais faudrait il ôter aussi la vie aux hommes, parce qu'il n'y a aucun homme qui l'emploie à faire tout le bien dont il est capable » ?
(*Senebier*.).

Une circonstance que Senebier a passé sous silence : c'est que Diderot a eu part à ce Discours.

Diderot imitait bien le style de Rousseau; et voilà ce que Rousseau en dit lui même, dans sa lettre à M. de Saint-Germain, datée de Monquin, 1770. « Cette imitation de mon style peut être surtout facile à Diderot, dont j'étudiais particulièrement la diction qu'en je commençai d'écrire, et qui a même mis dans mes premiers ouvrages plusieurs morceaux qui ne tranchent point avec le reste, et qu'on ne saurait distinguer, du moins quant au style. Quant aux pensées, celles qu'il a eu la bonté de me prêter, et que j'ai eu la bêtise d'adopter, sont bien faciles à distinguer des miennes, comme on peut le voir dans celles du philosophe qui s'argumente en en enfonçant son bonnet sur ses oreilles (*Discours sur l'inégalité*) : car ce morceau est de lui tout entier. Il est certain que Diderot abusa toujours de ma confiance et de ma facilité pour donner à mes écrits un ton dur et un air noir, qu'ils n'eurent plus sitôt qu'il cessa de me diriger, et que je fus tout à-fait livré à moi-même.

12. Lettre de M. D. B*** (de *Béthisy*) à madame ***, sur l'ouvrage de Rousseau, intitulé : « Discours sur l'origine, etc. ». Amsterdam, 1755, in-8.

13. Lettre à M. J.-J. Rousseau, ci-toyen de Genève, à l'occasion de son ouvrage intitulé : «Discours sur l'origine, etc. », (par l'abbé *Pilé*, prêtre du diocèse de Paris, vicaire de Saint-Germain-le-Vieux). Westminster et Paris, 1755, in-12 de 76 pag.

14. Lettre pour servir de réponse au Discours de M. Rousseau, etc. ; par M. J. N. T. J. Genève, 1755, in-8.

15. Lettre de *Philopolis*, cit. de Genève (*Charles Bonnet*), au sujet du Discours de J.-J. Rousseau sur l'origine, etc.

Imprimée dans le « Mercure de France », octobre 1755, et dans les Œuvres de J.-J. Rousseau. On trouve dans ces dernières une Lettre de Rousseau à M. *Philopolis*.

16. Homme (l') moral opposé à l'homme physique de M. Rousseau (par le P. *Caselt*, jésuite). Toulouse, 1756, in-12.

Réimprimé dans le XXIXe volume des Œuvres de Rousseau, édition de 1782.

17. Réflexions d'une provinciale (Mad. *Belot*, depuis, madame la présidente de *Menières*), sur le Discours de M. Rousseau, touchant l'origine de l'inégalité, etc. Londres, 1756, in-8.

18. Discours sur l'origine des inégalités parmi les hommes, pour servir de réponse au Discours de M. Rousseau, citoyen de Genève; par M. *Jean de Castillon*. Amsterdam, 1756, in-8.

19. Lettre à M. Rousseau, citoyen de Genève; par M. *M***, citoyen de Paris. Paris, 1756, in-12.

20. Réflexions sur l'Homme, ou Examen raisonné du Discours de M. Rousseau, de Genève, sur l'origine, etc. ; par M. Jean-Henri le Rous (*Oursel*), conseiller du roi de France. Genève (Rouen, Viret), 1758, in-12.

M. Oursel était procureur du roi à Dieppe ; il est mort le 12 septembre 1814, âgé de 89 ans.

21. Histoire généalogique du philosophe Ourseau (Rousseau), ou Critique du « Discours sur l'origine, etc. » (par dom *Aubry*, bénédictin). Genève (Nanci), 1768, in-8.

22. Discours philosophiques sur l'Homme, considéré relativement à l'état de nature et à l'état de société, par le P. G... B... (le P. *Gerdil*, barnabite, depuis cardinal). Turin, frère Reycends, 1769, in-8.

Ces discours sont au nombre de treize. Quelques-uns sont dirigés contre Hobbes, contre Hume, et contre Voltaire.

23. Études contenant un appel au pu-

blic lui-même du jugement du public sur J.-J. Rousseau (par le marquis de *Brie Serrant*). Paris, Guerbart, an xi (1803), in-8.

Cette brochure, assez volumineuse, contient la réfutation de la première partie du « Discours sur l'inégalité ».

(c) *Émile, ou de l'Éducation*, 1750-69.

24. Jugement qu'ont porté du livre d'*Émile* les auteurs du Journal de Trévoux, et ceux du Journ. encyclopédique. Impr. dans le sixième volume des OEuvres de J.-J. Rousseau, édition de l'abbé de La Porte.

25. Des Écrits publiés à l'occasion d'Émile, par l'abbé *Brizard*, 1792, in-8. Impr. dans le xive volume de la collection des OEuvres de Rousseau, publiées par le libraire Poinçot.

Je fais connaître ici plusieurs auteurs que l'abbé Brizard a laissés sous le voile de l'anonyme.

(*Note de A.-A. Barbier*).

26. Mandement portant condamnation d'un livre qui a pour titre : Émile, ou de l'Éducation, par J.-J. Rousseau, citoyen de Genève. Paris, 1762, in-4.

J'ai entendu, dans ma jeunesse, des lazaristes attribuer la rédaction de ce Mandement à M. Bro-quevielle, leur confrère, ancien directeur du séminaire de Toul, depuis curé à Versailles.

(*Note de A.-A. Barbier*).

27. Censure de la Faculté de théologie de Paris (rédigée par l'abbé *Le Grand*), édition latine et française. Paris, 1762. — La même, édition française. In-8 et in-12.

28. Observations (des abbés *Gervaise et Le Grand*) sur quelques articles de la censure de la Faculté de théologie de Paris contre le livre intitulé : « Émile, etc. » (à l'occasion du «Gazetier ecclésiastique »). 1763, in-4.

29. Le même ouvrage, sous le titre de « Lettres intéressantes aux amis de la vérité ». 1763, in-12.

Il paraît qu'il y a dans cet ouvrage deux lettres de l'abbé Gervaise, et six de l'abbé Le Grand.

30. Arrêt de la cour du parlement, qui condamne un imprimé ayant pour titre : « Émile, etc. ». Paris, 1762, in-4.

31. Lettre à M. D***, sur le livre intitulé : « Émile, ou de l'Éducation, par J.-J. Rousseau, citoyen de Genève (attribuée au P. *Griffet*). Amsterdam, et Paris, Grangé, 1762, in-8 de 84 pag.

32. Réfutation du nouvel ouvr. de J.-J. Rousseau, intitulé : « Émile, etc. » (par dom *Déforis*, bénédictin). Paris, 1762, in-8.

33. Divinité (la) de la religion chrétienne), vengée des sophismes de J.-J. Rousseau, seconde partie de la Réfutation d'Émile (par *André*, bibliothécaire de d'Aguesseau). Paris, 1763, in-12.

On trouve en tête, formant la première partie, la Réfutation de dom Déforis.

34. Lettre à J.-J. Rousseau, citoyen de Genève, sur son livre intitulé : Émile, etc. Par *J.-A. Comparet*. Genève, 1762, in-12 de 32 pag.

Contre la Profession du Vicaire Savoyard.

35. Analyse des principes de J.-J. Rousseau (dans son Émile, brochure attribuée à M. *Puget de Saint-Pierre*). La Haye, 1763, in-12.

36. Dialogues sur le Christianisme de J.-J. Rousseau. Par *Jacq. Vernes*, pasteur, 1763, in-8.

37. Lettres sur le Christianisme de J.-J. Rousseau. Par *Jacq. Vernes*, pasteur. Amsterdam, 1763, in-8.

38. Réponses à quelques lettres de J.-J. Rousseau. Par *Jacq. Vernes*, pasteur. 1763, in-8.

39. Examen de la Confession de foi du vicaire Savoyard, contenue dans l'Émile. Par *Bitaubé*. Berlin, 1764, in-8.

40. Lettre à M. J.-J. Rousseau, citoyen de Genève ; par M. *M*** (*Marcel*), sous-directeur des plaisirs et maître de danse de la cour de S. A. S. Mgr L. D. de S. G. (le duc de Saxe-Gotha). 1763, in-8 de 20 pag.

L'auteur de cette Lettre venge la mémoire de son parent Marcel contre les inculpations de l'auteur de l'Émile, dans son premier volume.
Voyez dans la Correspondance une lettre de J.-J. Rousseau à cet auteur, datée de Moitiers, le 1er mars 1763.

41. Réflexions sur la théorie et la pratique de l'éducation contre les principes de M. Rousseau. Par le P. G. B. (le P. *Gerbil*, barnabite, depuis cardinal). Turin, 1763, in-8.

Réimprimées dans la collection des OEuvres de l'auteur, imprimées à Bologne et à Rome.

42. Reflections on Education, relative both to theory and practice; in which some of the principles attempted to be established by M. Rousseau, in his Emilius, or Treatise on Education, are occasionally examined and refuted. Translated by

the cardinal *Gerdil*. London, 1764, 2 vol. in-12. (Q.).

43. Anti-Émile (l'). Par *Formey*. Berlin, 1763, in-12.

44. Réflexions sur l'éducation, contre les principes de M. Rousseau. Genève, 1764, in-8.

C'est peut-être une nouvelle édition de l'ouvrage du cardinal Gerdil. (Q.).

45. Dell' Educazione fisica e morale contra i principi del signor Rousseau, dal signor abbate *Fr. Alberti de Villeneuve*. 17.., 2 vol. in-12. (Q.).

46. Profession de foi du Vicaire chrétien, et Tableau abrégé du Contrat social, rédigés l'un et l'autre par *Formey*. Berlin, 1764, in-8.

47. Emile chrétien, consacré à l'utilité publique. Par *Formey* et un anonyme. Berlin (Amsterdam), J. Néaulme, 1764, 4 vol. in-18.

48. Émile chrétien, ou de l'Éducation. Par M. *C*** de Loveson*. Paris, 1764, 2 vol. in-12.

49. Réponse aux difficultés proposées contre la Religion chrétienne, par J.-J. Rousseau, dans l'Émile et le Contrat social. Par l'abbé *L. François*. Paris, 1765, in-12.

50. Recueil d'opuscules, concernant les ouvrages et les sentiments de M. J.-J. Rousseau sur la religion et l'éducation. La Haye, 1765, 2 part. in-12.

On trouve dans ce recueil des lettres de M. Vernes sur le Christianisme de J.-J. Rousseau, d'autres lettres de M. Vernes, avec les réponses de Rousseau, etc.

51. Plagiats de M. J.-J. Rousseau, de Genève, sur l'Éducation. Par D. C. (dom *Cajot*). La Haye, et Paris, 1766, in-8 et in-12.

52. Miroir (le) fidèle, ou Entretiens d'Ariste et de Philindre, avec un plan abrégé d'éducation opposé aux principes du citoyen de Genève; par M. le chev. de C. de la B. (de *Chiniac de la Bastide*). Paris, 1766, in-12.

53. Seconde Lettre d'un anonyme (*Élie Luzac*) à J.-J. Rousseau (sur l'Émile). Paris, Desaint et Saillant, 1767, in-8.

La première Lettre a le Contrat social pour objet.

54. Examen approfondi des difficultés de J.-J. Rousseau contre la Religion chrétienne (par l'abbé *Malleville*). Paris, 1769, in-12.

55. Traités sur l'Éducation, pour servir de Supplément à l'Émile de J.-J. Rousseau. Neufchâtel, 1770, 2 vol. in-12.

C'est un recueil de plusieurs morceaux sur l'éducation, tirés de l'Encyclopédie in-folio.

56. Théorie de J.-J. Rousseau sur l'Éducation, corrigée et réduite en pratique, par *Philippe Sérane*. Toulouse, Robert, 1774, in-12 ; ou, avec un nouveau frontispice, Toulouse, 1775, 2 part. in-12.— Nouvelle édition, revue, sous le titre de Théorie de l'éducation. Paris, 1787, in-12.

57. Examen critique de la seconde partie de la Profession du vicaire Savoyard, par M. R. (*Roustan*). Londres, 1776, in-8.

58. Sentiments de reconnaissance d'une mère, adressés à l'ombre de Rousseau, citoyen de Genève (par madame *Panckoucke*).

Imprimés dans les OEuvres de Rousseau, supplément formant le tome X des OEuvres diverses. Neufchâtel (Paris), 1779, in-12 ; et à la suite du Discours sur l'amitié, par M. Couret de Villeneuve. Orléans, 1783, in-8.

59. Emilio, religioso, opposto all' Emilio ateo negativo di G.-G. Rousseau : dissertazione de *Gius. Artaud*. Pesaro, 1780, in-4. (Q.).

60. Remarks on Mr. Rousseau's Emilius; in which the celebrated Profession of Faith of a Savoyard Curate is particularly considered. London, Nicoll, 1782, pet. in-8. (Q.).

61. Remarks on Mr. Rousseau's Emilius. London, Nicoll, 1783, in-12. (Q.).

62. Principes de J.-J. Rousseau sur l'éducation des enfants. Paris, Aubry, an II (1793), in-18.

63. Émile (l') réalisé, ou Plan d'éducation générale ; par le citoyen *Fèvre du Grand-Vaux*. Paris, fructidor an III (1795), in-8.

Réimprimé à Corfou, le 1ᵉʳ nivôse an VII (1799), grand in-8 de 31 pag., et de nouveau dans les Mélanges de l'auteur, Paris an x (1802), in-8.

64. Nouvel Émile, ou Conseils donnés à une mère sur l'éducation de ses enfants. Par *P. Cavaye*, d'Arfons (Tarn). Castres, Rodière, an V (1797), in-12.

L'auteur cite deux passages de « l'Émile » de Jean-Jacques, sans nommer l'ouvrage ni l'auteur.

65. Opinion de M. *Dussault* sur l'Émile de Rousseau.

Articles du Journal des Débats des 13 nivôse et 13 germinal an x. Ces articles ont été reproduits dans les OEuvres de Rousseau, édition de 1819—20.

66. Des Idées de Rousseau sur la ri-

chesse et sur son prix réel, développées et appliquées à lui-même dans le tableau hypothétique qu'il trace au livre IV de l'Émile. Par G. P. (*L.-G. Petitain*).

Imprimées dans la Décade littéraire et philosophique, ann. 1804, 2ᵉ trimestre, ainsi qu'un autre morceau sur le même sujet, intitulé : *De la Richesse*. Reproduit dans le XIIᵉ volume des OEuvres de J.-J. Rousseau, publ. par Petitain.

67. Jugement sur « Émile », par *d'Alembert*.

Imprimé dans les OEuvres posthumes de d'Alembert. Paris, 1800, tom. 1ᵉʳ, page 127.

68. Sur l'Émile de J.-J. Rousseau. Par M. *Fiévée*. 20 pages in-8.

Articles du Journal des Débats des 4, 13 et 19 mai 1805.
M. Fiévée y examine particulièrement le dessein d'élever un enfant jusqu'à quinze ans sans lui parler de religion. Cet écrit a été reproduit dans le troisième volume du Spectateur français, et dans les OEuvres de Rousseau, édition de 1819—20.

69. Quelques Réflexions philosophiques et médicales sur l'Émile, communiquées à l'une des séances littéraires du « Lycée républicain », par *J.-L. Moreau*, de la Sarthe, médecin et professeur d'hygiène au Lycée. 1800, in-8.

Dans la « Décade philosophique », tome XXV, page 449.

70. Le même opuscule, sous ce titre : Sur quelques Erreurs de J.-J. Rousseau, touchant l'éducation physique; par *J.-L. Moreau*, de la Sarthe. In-8.

Dans le « Spectateur du Nord », du mois de septembre 1800.

71. Réfutation d'une opinion de J.-J. Rousseau sur les Fables de La Fontaine (par M. *Petitain*).

Dans la « Décade philosophique », année 1803, tome XXXVIII, page 526, et réimprimée dans le tome XXII des OEuvres de Rousseau, édition de 1819—20.

72. Nouvel (le) Émile, ou l'Histoire véritable de l'éducation d'un jeune seigneur français, expatrié par la Révolution française; par un ancien professeur à l'Université de Paris (M. *de La Noue*). Besançon, 1814, 4 vol. pet. in-12.

73. Éducation (de l'), ou Émile corrigé, par M. *Biret*. Paris, 1817, 2 vol. in-12.

74. Émile, ou de l'Éducation, par *J.-J. Rousseau*; nouvelle édition, à l'usage de la jeunesse, avec des retranchements, des notes, et une préface, par madame la comtesse de *Genlis*. Paris, 1820, 3 vol. in-12.

75. Examen de la Profession de foi du vicaire Savoyard. Par *G. Marceille*. Paris, 1828, in-8.

(d) *Lettres de la Montagne*, 1764.

76. Représentations des citoyens et bourgeois de Genève au premier syndic de cette république, avec les réponses du conseil à ces représentations. 1763, in-8.

77. Sentiments des citoyens (par *Voltaire*). Sans date, in-8 de 8 pag.

Réimprimés sous le titre de Réponse aux *Lettres écrites de la Montagne*. Genève et Paris, 1765, in-8.
J.-J. Rousseau avait d'abord attribué ce morceau à son ami Vernes, qui a protesté n'en être pas l'auteur. D'ailleurs, Du Peyrou, ami de J.-J. Rousseau, et Wagnère, secrétaire de Voltaire, ont certifié que Voltaire était le véritable auteur des « Sentiments des citoyens ».

78. Lettres écrites de la campagne (par *J.-R. Tronchin*), proche Genève. 1765, in-8 et in-12.

79. Réponse aux « Lettres écrites de la campagne », avec une addition (par d'*Ivernois*). Sans indication de lieu, 1764, in-8.

80. Lettres populaires, où l'on examine la « Réponse aux Lettres écrites de la campagne » (par *J.-R. Tronchin*). Sans indication de lieu et sans date (1765), in-8.

81. Réponse aux « Lettres populaires ». Première partie : De la présidence des syndics. Deuxième partie : Des emprisonnements. 1765, in-8.

82. Suite des Réponses aux « Lettres populaires », où les divers éclaircissements qui se trouvent dans ces Lettres sont examinés. 1766, in-8.

83. Lettres écrites de la plaine, en réponse à celles de la montagne (par l'abbé *Sigorne*). Genève et Paris, 1765, in-12.

84. Remarques d'un ministre de l'Évangile, sur la troisième des Lettres écrites de la montagne par M. J.-J. Rousseau. Sans indication de lieu, 1765, in-8 de 160 pag.

85. Considérations sur les miracles de l'Évangile, pour servir de réponse aux difficultés de J.-J. Rousseau dans sa troisième Lettre écrite de la montagne; par *D. Claparède*. Genève, 1765, in-8.

86. *Claparède's* Betracht. über d. Wunderwerke der Evangeliums, z. Beantwort. d. Schwierigkk., d. Rousseau in seinem dritten Briefe aus d. Gebirge dawider erregt hat; a. d. Franz. mit Abhandl.

v. d. ascet. Gesellschaft in Zürich. Zurich, Orell , 1771, in-8. (Q.).

87. Examen de ce qui concerne le Christianisme, la Réformation évangélique, et les ministres de Genève, dans les deux premières lettres de J.-J. Rousseau, écrites de la montagne ; par *Vernes*. Genève, 1765, in-8.

(e) *Lettre à M. de Beaumont.* 1762.

88. Analyse de la Lettre de J.-J. Rousseau à M. l'archevêque de Paris, par le P. *Didier*, récollet. Avignou, 1764, in-12.

89. Lettre de l'homme civil à l'homme sauvage (par *L.-Cl.-Fr. Marin*). Amsterdam (Paris), 1763, in-12; ou Amsterdam , 1768, in-12.

90. Lettres (de l'abbé *Yvon*) à M. Rousseau , pour servir de réponse à sa Lettre contre le Mandement de M. l'archevêque de Paris. Amsterdam, Marc-Michel Rey, 1763, in-8 de 370 pag.

L'auteur devait publier quinze Lettres ; il n'en a donné que deux.

91. J.-J. Rousseau, citoyen de Genève (ou plutôt M. *P.-Fr. de La Croix*, de Toulouse), à Jean-François de Montillet, archevêque et seigneur d'Auch... Neufchâtel, 1764, in-12.

92. Préservatif pour les fidèles contre les sophismes et les impiétés des incrédules, avec une réponse à la Lettre de J.-J. Rousseau à M. de Beaumont (par D. *Déforis*, bénédictin). Paris , 1764, in-12.

(f) *Contrat social*, 1754.

93. Offrande aux autels et à la patrie, contenant la défense du Christianisme, ou Réfutation du Contrat social, etc. ; par *Ant.-Jacq. Roustan*. Amsterdam, 1764, in-8.

94. Anti-Contrat social, par *P. L. de Bauclair*, citoyen du monde. La Haye, 1765, in-12.

Réimprimé par extraits dans le huitième volume des OEuvres de Rousseau, édition de l'abbé de La Porte.

95. Lettre d'un anonyme (M. *Élie Luzac*) à M. J.-J. Rousseau (sur le Contrat social). Paris , Desaint et Saillant (Hollande), 1766, in-8 de 250 pag.

L'auteur a publié une seconde Lettre, sur l'É. mile.

96. Discours apologétique de la Religion chrétienne, au sujet de plusieurs assertions du « Contrat social », et contre les paradoxes des faux politiques du siècle. Par l'abbé *d'Arnavon*, bachelier de Sorbonne. 1773, in-8.

97. Observations sur le Contrat social de J.-J. Rousseau, par le P. *Berthier*, jésuite (terminées et publiées par l'abbé *Bourdier-Delpuits*, ex-jésuite). Paris, Mérigot le jeune, 1789, in-12.

98. Religion (de la) publique, ou Réflexions sur un chapitre du « Contrat social » de J.-J. Rousseau. Par M. *Daunou*.

Imprimé dans le Journal encyclopédique de février 1790, tome 1er, pag. 456, et tome II, pag. 98. Ces Réflexions ont été réimprimées dans l'Esprit des journaux , avril 1790.

99. Adresse d'un citoyen très-actif (par M. *Ferrand*, mort pair de France). 1790, in-8.

L'auteur a voulu prouver, par trente et un passages extraits du « Contrat social », que ce code de la liberté condamnait littéralement tous les décrets de l'Assemblée nationale.

100. Sur le sort d'un manuscrit de 32 pag., entièrement écrit de la main de J.-J. Rousseau, et qu'il destinait à éclaircir quelques chapitres du « Contrat social ».

J.-J. Rousseau avait remis ce manuscrit à M. le comte d'Entraigues , en l'autorisant à en faire l'usage qu'il croirait utile. Le comte d'Entraigues paraît avoir détruit ce manuscrit, après l'avoir communiqué à l'un des plus vénérables amis de J.-J. Rousseau. La note suivante du comte d'Entraigues se trouve à la fin de sa brochure , intitulée : Quelle est la situation de l'Assemblée nationale ? (1790, in-8 de 60 pag.).

« J.-J. Rousseau avait eu la volonté d'établir, dans un ouvrage qu'il destinait à éclaircir quelques chapitres du Contrat social, par quels moyens de petits États libres pouvaient exister à côté de grandes puissances, en formant des confédérations. Il n'a pas terminé cet ouvrage ; mais il en avait tracé le plan , posé les bases, et placé à côté des seize chapitres de cet écrit, quelques-unes de ses idées, qu'il comptait développer dans le corps de l'ouvrage. Ce manuscrit de 32 pages, entièrement écrit de sa main, me fut remis par lui-même, et il m'autorisa à en faire, dans le courant de ma vie, l'usage que je croirais utile.

« Au mois de juillet 1789, relisant cet écrit, et frappé des idées sublimes du génie qui l'avait composé, je crus (j'étais encore dans le délire de l'espérance) qu'il pouvait être infiniment utile à mon pays et aux États-Généraux, et je me déterminai à le publier.

« J'eus le bonheur, avant de le livrer à l'impression, de consulter le meilleur de mes amis, que son expérience éclairait sur les dangers qui nous entouraient, et dont la cruelle prévoyance devinait quel usage funeste on ferait des écrits du grand homme dont je voulais publier les nouvelles idées. Il me prédit que les idées salutaires qu'il offrait seraient méprisées; mais que ce que ce nouvel écrit pouvait contenir d'impraticable, de dangereux pour une monarchie, serait précisément ce que l'on voudrait réaliser, et que de coupables ambitions s'étaieraient de cette grande autorité pour frapper, et peut-être détruire l'autorité royale.

« Combien je murmurai de ces réflexions ! combien elles m'affligèrent ! Je respectai l'ascendant de l'amitié unie à l'expérience, et je me soumis. Ah! que j'ai bien reçu le prix de cette déférence, grand Dieu! Que n'auraient-ils pas fait de cet écrit! comme ils l'auraient souillé! ceux qui, dédaignant d'étudier les écrits de ce grand homme, ont dénaturé et avili ses principes; ceux qui n'ont pas vu que le *Contrat social*, ouvrage isolé et abstrait, n'était applicable à aucun peuple de l'univers; ceux qui n'ont pas vu que ce même J.-J. Rousseau, forcé d'appliquer ces préceptes à un peuple existant en corps de nation depuis des siècles, pliait aussitôt ses principes aux anciennes institutions de ce peuple, ménageait tous les préjugés trop enracinés pour être détruits sans déchirements; qui disait, après avoir tracé le tableau le plus déplorable de la constitution dégénérée de la Pologne : « *Corrigez, s'il se peut,* « *les abus de votre constitution; mais ne méprisez pas* « *celle qui vous a faits ce que vous êtes* ».

« Quel parti d'aussi mauvais disciples d'un si grand homme auraient tiré de l'écrit que son amitié m'avait confié pour le publier, *s'il pouvait être utile ?*

« Cet écrit, que la sagesse d'autrui m'a préservé de publier, *ne le sera jamais;* j'ai trop bien vu, et de trop près, le danger qui en résulterait pour ma patrie. Après l'avoir communiqué à l'un des plus véritables amis de J.-J. Rousseau, qui habite près du lieu où je suis, il n'existera plus que dans nos souvenirs ».

101. Comparison of the Opinions of Mr. Burke and Mr. Rousseau on Government Reform. London, Lowndes, 1792, in-8. (Q.).

102. Supplément au Contrat social, par *Gudin*. Paris, 1792, in-8 et in-12.

103. Principes du droit politique mis en opposition avec ceux de J.-J. sur le Contrat social (par M. *Landes*). 1794, in-12.
— Nouvelle édition. Paris, 1801, in-8.

104. Contrat social des républiques, et Essai sur les abus religieux, politiques, civils, etc.. parmi toutes les nations, et principalement en France. Avec cette épigraphe, tirée des Maximes de La Rochefoucauld :

« Les hommes ne vivraient pas long-temps en en société s'ils n'étaient les dupes les uns des autres ».

Par *P.-J.-B. Nougaret*. Paris, l'Auteur, an VIII (1799), in-12 de 400 pag., avec une gravure allégorique. (Q.).

105. Lettre à l'auteur d'un article sur le Contrat social.

Article du Journal des Débats, du 2 nivose an XI, reproduit dans le XXIIe volume des OEuvres de Rousseau, édition de 1819—20.

106. Principes des erreurs de Rousseau en politique. Par *Benj. Constant*.

Dans un article inséré au tome IX, page 357, de la Minerve française, où l'on rend compte d'un écrit de M. Benj. Constant, intitulé : Traité de la liberté des anciens comparée à celle des modernes, inséré dans le Cours de politique constitutionnelle. *Le Principe des erreurs,* etc., a été reproduit dans le XXIIe volume des OEuvres de Rousseau, édition de 1819—20.

107. Principes du droit politique mis en opposition avec le Contrat social de J.-J. Rousseau, par *Honoré Torombert*, avec la réfutation du chapitre intitulé : « De la religion civile », par *Lanjuinais;* suivis du texte entier du Contrat social. Paris, Rey et Gravier; A. André, 1825, in-8.

108. Ébauche d'un Cours préliminaire de droit naturel, ayant pour objet de ramener à la loi de Dieu et de la nature, et aux maximes de l'Évangile. Première partie. Notes analytiques et critiques sur le « Contrat social » de J.-J. Rousseau. Par *A. de V. (Aîné de Virieu)*. Tomes I et IV. Lyon, Barret, 1829, 2 vol. in-8.

109. Analyse raisonnée du « Contrat social » de J.-J. Rousseau, avec des Réflexions critiques et politiques. Par M. de *Bonas*. Auch, 1835, in-8.

(g) *Botanique.*

110. Botaniste (le) sans maître, ou Manière d'apprendre seul la botanique au moyen de l'instruction, commencée par J.-J. Rousseau, et continuée par M. de C*** (*de Clairville*), auteur de l'Entomologie helvétique. Paris et Winterthur, 1805, in-12. (Q.).

(h) *Nouvelle Héloïse*, 1756-1758.

111. Lettres sur la « Nouvelle Héloïse », ou Aloïsia de J.-J. Rousseau (par le marq. de *Ximenès*, revues par *Voltaire*). 1761, in-8.

Réimprimées en 1762 et en 1777, à la fin de la Nouvelle Héloïse.

112. Lettre d'un curé à M. Rousseau. Nanci, 1761.

113. Lettre d'un militaire à l'auteur de la Nouvelle Héloïse. Bruxelles, 1761.

114. Nouvelle Héloïse (la) au tombeau. Cologne, 1761.

115. Prédiction tirée d'un vieux manuscrit (par M. *Borde*). Sans date (1761), in-12 de 21 pag.

Réimprimée dans les OEuvres de l'auteur.

C'est à tort que Mercier attribue à Voltaire cette pièce satirique. M. Servan la fit réimprimer en 1783, à la suite de ses « Réflexions sur les Confessions de J.-J. Rousseau ».

116. Contre-Prédiction au sujet de la Nouvelle Héloïse (par *Charles-Jos. Panckoucke*).

Imprimée d'abord dans le Journal encyclopédique du mois de juin 1761. La Prédiction avait été insérée dans le mois de mai, première partie, du même Journal. La Contre-Prédiction a reparu sous le titre suivant : *Prédiction faite sur l'auteur de la Nouvelle Héloïse*, par un anonyme (*C.-J. Panckoucke*), à la fin de la Nouvelle Héloïse, édition de Paris, Duchesne, 1764, 4 vol. in-12.

117. Amours (les) suisses du Pont-aux-Choux. Genève, 1762.

118. Parallèle du Devin du village et de la Nouvelle Héloïse. 1762.

119. Lettre de Mad. de Wolmar à l'auteur de la Nouvelle Héloïse. 1762.

120. Lettre de M. L** à Mad. D***, sur la Nouvelle Héloïse de J.-J. Rousseau, de Genève. *Desinit in piscem mulier formosa supernè.* Genève, 1762, in-8.

121. Parallèle de Clarisse et de la Nouvelle Héloïse. 1763.

122. Jardin (le) de Julie. Lyon, 1763.

123. Saint-Preux à Wolmar, après la mort de Julie, ou dernière Lettre du roman de la Nouvelle Héloïse. Par *L.-S. Mercier*. 1764, in-8.

Impr. d'abord dans le Journ. des Dames. Cette Lettre a été réimprimée à la fin de la Nouvelle Héloïse, de l'édition de Poinçot.

124. Réclamation de Richardson. Paris, 1765, broch. de 20 pag.

125. Nouvelle (la) Héloïse de M. J.-J. Rousseau mise en couplets. Paris, 1765, in-12 de 24 pag.

126. Esprit (l') de Julie, ou Extrait de la Nouvelle Héloïse, ouvrage utile à la société, et particulièrement à la jeunesse; par *Formey*. Berlin, Jean Jasperd, 1765, in-8.

D'autres bibliographes citent une édition de 1763, in-12. (Q.).

127. Henriette de Wolmar, ou la Mère jalouse de sa fille, pour servir de suite à la Nouvelle Héloïse (par M. *Brument*). Paris, Delalain, 1768, in-12. — Nouvelle édition. Amsterdam, 1777, in-8.

128. Lettre de Julie d'Étange à son amant, à l'instant où elle va épouser Wolmar; par de *Vauvert*. Paris, 1772, in-8.

129. Nouvelle Héloïse (la) dévoilée. Bruxelles et Paris, 1775, in-12.

130. Aventures (les) d'Édouard Bomston, pour servir de suite à la « Nouvelle Héloïse » (traduites de l'allemand de *Fréd. Aug. - Clément Werthes*). Lausanne et Paris, la Villette, 1789, in-8 de 240 pages.

Ersch, dans sa France littéraire, tom. III, attribue cette traduction à madame de Polier; mais elle paraît être plus certainement de G. H. de Seigneux, de Lausanne. (Q.).

131. Jugement sur la Nouvelle Héloïse; par *d'Alembert*.

Voyez les OEuvres posthumes de d'Alembert. Paris, 1800, t. I, pag. 121.

132. Entretiens sur le suicide, ou le Courage philosophique opposé au courage religieux, et réfutation des principes de J.-J. Rousseau, de Montesquieu, de madame de Staël, etc., en faveur du suicide. Par M. l'abbé *N.-S. Guillon*. Paris, 1802, in-18. (Q.).

133. Correspondance originale et inédite de *J.-J. Rousseau* avec madame *La Tour de Franqueville* et M. *Du Peyrou*. Paris, Giguet et Michaud, 1803, 2 vol. in-8, et 3 vol. in-18.

134. Épître à M. J.-J. Rousseau, citoyen de Genève, sur sa Nouvelle Héloïse, donnée au public par les soins, le sincère attachement et l'admiration de son très-humble, très-obéissant serviteur et compatriote F. G. (*Fr. Grasset*, libr. à Lausanne).

135. Des écrits publiés à l'occasion de la Nouvelle Héloïse, par *Mercier*. Impr. à la fin du quatrième volume de l'édition de Poinçot.

(*i*) *Dictionnaire de musique.*

136. Système harmonique développé et traité d'après les principes du célèbre Rameau, ou Grammaire de musique, sous le titre de Tablature, se rapportant au Dictionnaire de J.-J. Rousseau, avec la théorie pour trouver et exercer commodément toutes les harmonies et mélodies. Par *V.-F.-S. Rey*. Paris, vers 1795, in-4 gravé. (Q.).

137. Lettre de J.-J. Rousseau (masque de M. *Ch. d'Outrepont*) à M. Castil-Blaze.

Imprimée à la suite des Dialogues des morts, par M. d'Outrepont. Paris, F. Didot, 1825, in-8. Dans cette Lettre de Rousseau à M. Castil-Blaze, on lit cette phrase : Votre Dictionnaire (de musique) contient 1085 articles; je puis en réclamer une quantité effrayante pour votre gloire. Une note en réclame 342. (Q.).

(*j*) *Lettre sur la musique française*, 1753.

138. Petit (le) Prophète de Boehmischbroda (par *Grimm*), 1753, in-8 et in-12; dans le tome II des OEuvres de M. Rousseau, recueillies par l'abbé de La Porte, en 1764.

On le trouve aussi dans le *Supplément à la Correspondance de Grimm*, publié en 1814, 1 vol. in-8.

139. Doutes d'un Pyrrhonien proposées amicalement par J.-J. Rousseau. (Par

Coste d'Arnobat, de Bayonne). 1753, in-8. (Q.).

140. Apologie de la musique française, contre J.-J. Rousseau, par l'abbé *Laugier*. 1754, in-8 et in-12, dans le tome II des OEuvres de Rousseau.

141. Lettre sur la musique française, en réponse à celle de J.-J. Rousseau (par M. *Yso*). 1754, in-8.

142. Examen de la lettre de M. Rousseau, par M. B*** (*Baton*). Paris, 1753, in-8.

143. Justification de la musique française (par M. de *Morand*, avocat). Paris, 1754, in-8.

144. Lettre d'un Parisien, contenant quelques Réflexions sur celle de Rousseau. Par M. *Robineau*, secrétaire du roi, anc. notaire. 1754, in-12. (Q.)

145. Réfutation suivie et détaillée des principes de M. Rousseau sur la musique française. (Par M. l'abbé *J.-L. Aubert*). 1754, in-8.

146. Notice de quinze autres écrits contre la « Lettre sur la musique française, par l'abbé de *La Porte*. Impr. dans le tome II des OEuvres de Rousseau.

(k) Lettre à d'Alembert
sur les spectacles, 1758.

147. Article Genève de l'Encyclopédie; Profession de foi des ministres génevois, avec des notes d'un théologien; Réponse (de *d'Alembert*) à la Lettre de M. Rousseau, citoyen de Genève. Amsterdam, 1759, in-8.

148. Lettre à M. Rousseau sur l'effet moral des théâtres (par le marquis de *Ximenès*). 1758, in-8.

149. *P.-A. Laval*, comédien, à M. J.-J. Rousseau, citoyen de Genève, etc. La Haye, 1758, in-8.

150. *Dancourt*, arlequin de Berlin, à M. J.-J. Rousseau, citoyen de Genève. Berlin et Amsterdam, 1759, in-8.

151. Lettre à M. Rousseau au sujet de sa lettre à M. d'Alembert (par *J.-Fr. de Bastide*). Paris, 1758, in-12 de 42 pages.

Cette lettre fut, suivant Bastide lui-même, l'effet du sentiment et de la justice que l'auteur rendait aux femmes outragées par Rousseau dans la sienne.

152. Apologie du Théâtre. Par *Marmontel*.

Imprimée à la fin du second volume des Contes moraux de l'auteur. Paris, 1761.

153. Considérations sur l'Art du théâtre.

D*** (Dédiées à M. J.-J. Rousseau, citoyen de Genève, par *Villaret*). Genève, 1759, in-8.

Cette brochure a aussi paru sous ce titre : *Lettre d'un écolier de philosophie à M. J.-J. Rousseau, citoyen de Genève et habitant de Montmorency, en réponse à sa Lettre à M. d'Alembert sur les spectacles.* Genève (sans date), avec permission.

154. Critique d'un livre contre les spectacles, intitulé : J.-J. Rousseau, citoyen de Genève, à M. d'Alembert (par le marquis de *Mezières*). Amsterdam et Paris, 1760, in-8.

155. Lettre d'un curé du diocèse de ** (M. *Secousse*, curé de Saint-Eustache, à Paris), à M. M. (Marmontel), sur son Extrait critique de la Lettre de J.-J. Rousseau à d'Alembert. En France (Paris), 1760, in-12.

On trouve la notice de quatre des écrits précédents, dans le quatrième volume des OEuvres de M. Rousseau, édition de l'abbé de La Porte, qui a placé dans le cinquième volume un extrait de la brochure de Marmontel.

156. Lettres critiques d'un voyageur anglais, sur l'art. *Genève* de l'Encyclopédie, et la Lettre de d'Alembert à Rousseau sur les spectacles. Copenhague, 1766, 2 vol. in-8. (Q.).

Citées dans le Catalogue de la bibliothèque de Genève (août 1834), et dans celui de la librairie de Stella et fils, de Milan (1831).

(l) Les Confessions, 1766-1767.

157. Discours sur les Confessions de J.-J. Rousseau, par M. *Delon*. Nîmes, 1783, in-8.

158. Observations et Anecdotes relatives à la vie, aux ouvrages, et particulièrement aux Confessions de J.-J. Rousseau; par M. *de Servan*. La Haye, 1783, in-12.

Cet écrit, rédigé en forme de lettre, fut imprimé d'abord par morceaux détachés dans le Journal encyclopédique, pendant le cours de 1783.

Réimprimées sous ce titre : *Réflexions sur les Confessions de J.-J. Rousseau, sur le caractère et le génie de cet écrivain, sur les causes et l'étendue de son influence sur l'opinion publique, enfin sur quelques principes de ses ouvrages.* Lausanne, 1783, in-12. On trouve à la suite de ces Réflexions la *Profession de foi philosophique* et la *Prédiction tirée d'un vieux manuscrit* de M. Borde.

Les deux écrits de Borde sont deux mauvais pamphlets, dont le ton contraste singulièrement avec l'écrit auquel on jugea convenable de les joindre.

Les Réflexions de Servan ont été réimprimées dans les OEuvres de l'auteur, dans presque toutes les éditions récentes des OEuvres de Rousseau.

159. J.-J. à M. S*** (Servan), sur des réflexions contre ses derniers écrits. Lettre pseudonyme (par la marquise de *Saint-*

Chamond). Genève, 1784, in-12 de 75 pages.

160. J.-J. Rousseau justifié, ou Réponse à M. de Servan, par *Fr. Chas*, avocat. Neufchâtel, 1784, in-12.

161. Mémoires de madame de Warens, suivis de ceux de Claude Anet, publiés par C. D. M. D. P., pour servir d'apologie aux Confessions de J.-J. Rousseau (composés, les premiers, par *Doppet*, alors médecin, depuis général, mort en 1800; et les seconds, par son frère l'avocat). Chambéry et Paris, 1786, in-8. Réimpr. à Paris, par les soins de Hugon de Basville). Paris, Obré, 1798, in-8.

162. Réflexions philosophiques et impartiales sur Jean-Jacques Rousseau et madame de Warens (par M. *Fr. Chas*). Genève, 1786, in-8, et dans le 28ᵉ vol. du Rousseau de Poinçot.

Ce n'est, pour ainsi dire, qu'une nouvelle édidition de la Réponse à M. Servan. Elles ont été reproduites, en 1787, sous le titre de *Réflexions, etc....., nouvelle édition, augmentée de quelques Lettres sur les protestants, et des maximes qu'on trouva inscrites sur sa porte* (pendant son séjour à Bourgoin en Dauphiné).

163. Vintzenried, ou les Mémoires du chevalier de Courtille, pour servir de suite aux Mémoires de madame de Warens, à ceux de Claude Anet, et aux Confessions de J.-J. Rousseau (par *Doppet*). Paris, 1789, in-12.

164. Lettre sur quelques passages des Confessions de J.-J. Rousseau, par *Cérutti*; in-4. Impr. dans le Journal de Paris, supplément au 2 décembre 1789, et dans l'Esprit des journaux, janvier 1790.

On trouve une partie de cette lettre dans la *Correspondance de Grimm*, troisième partie, tome V, page 336. Cérutti prend la défense du baron d'Holbach, et raconte, d'après d'Holbach, les mystifications que sa société fit essuyer à un M. Petit, curé de Mont-Chauvet, en Basse-Normandie.
On lit dans la *Correspondance de Grimm*, première partie, tome I, pages 404 et suivantes, de plus grands détails sur le curé Petit.

165. Clef des Confessions de J.-J. Rousseau. Par *Du Peyrou*. 1790, in-8 et in-12.

166. Lettres sur les Confessions de J.-J. Rousseau; par M. *Ginguené*. Paris, Barrois aîné, 1791, in-8.

On en trouve un long extrait dans le tome XXII des OEuvres de Rousseau, de l'édition in-8, 1819—20.

167. Letters on the Confessions of J.-J. Rousseau. By *P.-L. Ginguené*. Translated from the french. London, 1792, in-12. (Q.).

168. Réfutation des Lettres précédentes; par M. de *La Harpe*, dans le Mercure de France, 1792; dans le nouveau Supplément au Cours de littérature. Paris, Barrois l'aîné, et Pélicier, 1818, in-8; et en grande partie dans le tome XXII des OEuvres de Rousseau, de l'édition in-8, 1819-20, pag. 148-232.

169. Lettre au rédacteur de la Clef du cabinet des souverains (au sujet de manuscrits des Confessions de Rousseau, dont l'un devait être imprimé au commencement de 1801). Par *A. B.* (*A.-A. Barbier*).

Cette Lettre, datée du 21 fructidor an VIII, est insérée dans la « Clef du cabinet des souverains ».

170. Examen des Confessions, et des critiques qu'on en a faites. Par M. *Musset-Pathay*. Paris, de l'impr. de Gaultier-Laguionie, 1824, in-8.

Extrait du tome XIV de l'édition des OEuvres de J.-J. Rousseau, publiée par M. Musset-Pathay.

171. Précis des circonstances de la vie de J.-J. Rousseau, depuis l'époque où il a terminé ses Confessions jusqu'à sa mort. Par M. *Musset-Pathay*.

Morceau imprimé à la suite des Confessions, faisant partie de l'édition des OEuvres de J.-J. Rousseau, publiée par M. Musset-Pathay.

172. Notice sur la vie et les ouvrages de madame d'Épinay, par le baron de *Grimm*. Voyez sa Correspondance, troisième partie, tome II, pag. 291.

173. Mémoires et Correspondance de madame *d'Épinay*. (Publiés par MM. *Ch. Brunet* et *Parison*). Paris, Brunet, 1818, 3 vol. in-8. — Deuxième édition, augmentée de quatre lettres. Paris, Volland, 1818, 3 vol. in-8. — Troisième édition, semblable à la seconde. Paris, 1819.

M. Brunet a en sa possession de nombreux fragments et billets qui n'ont point été admis dans ces trois volumes.
A.-A. Barbier, qui a eu long-temps en communication le manuscrit des Mémoires de madame d'Épinay, avant la publication de cet ouvrage, a laissé dans ses papiers un cahier in-folio, ainsi intitulé : *Analyse des neuf volumes manuscrits des Mémoires de madame d'Épinay, avec la clef des noms supposés sous lesquels* étaient désignées les personnes qui figurent dans ses intéressants Mémoires.

174. Anecdotes inédites, pour faire suite aux Mémoires de madame d'Épinay, précédées de l'Examen de ces Mémoires (par M. *Musset-Pathay*). Paris, Baudouin frères, 1818, in-8 de 115 pages.

(m) *Correspondance.*

175. Sur un passage des Lettres de

Rousseau à Malesherbes. Par M. *Michaud*, de l'Institut.

Dans le Journal des Débats du 22 messidor an xi. Réimpr. dans le xxiie volume des OEuvres de Rousseau, édition de 1819—20.

176. Réflexions sur la publication des Lettres de Rousseau, et des Lettres en général. Par M. de *Servan*.

Avec le n. 158, et réimprimées dans le tom. XXII, pag. 274 à 318 des OEuvres de Rousseau, édition de 1819—20

177. Observations sur les correspondances en général, et sur celle de Rousseau en particulier, par M. *Musset-Pathay*. Paris, de l'impr. de Dupont, 1824, in-8.

Extrait du tom. XVIII des OEuvres de Rousseau, publiées par M. Musset-Pathay.

———

(*n*) *Écrits relatifs à l'ensemble des ouvrages de J.-J. Rousseau.*

178. Instruction pastorale de Mgr l'évêque du Puy (*J.-Geo. Lefranc de Pompignan*) sur la prétendue philosophie des incrédules modernes. Au Puy, 1763, in-4 de 300 pag.

Cette instruction forme aussi le tome V des OEuvres de J.-J. Rousseau. Amsterdam, 1774, in-12.

179. Faux (le) Philosophe, discours à J.-J. Rousseau (par *G.-G. de Beaurieu*). 1763, in-12.

180. Déisme (le) réfuté par lui-même, ou Examen des principes d'incrédulité répandus dans les divers ouvrages de M. Rousseau, en forme de lettres. Par M. *Bergier*. Paris, 1765, 2 vol. in-12.

Ouvrage souvent réimprimé. Voy. la France littéraire, article Bergier.

181. Examen approfondi des difficultés de M. Rousseau de Genève contre le christianisme catholique. Paris, 1769, in-12.

182. Égarements (les) de la philosophie, pour servir de supplément au « Déisme réfuté par lui-même », ou Lettre à M. Rousseau, de Genève, sur les erreurs philosophiques répandues dans ses écrits (par l'abbé *Marc*). Amsterdam (Nanci), 1777, in-12.

183. Discours sur l'influence de la philosophie sur les lettres. Par *Geoffroy*.

Imprimé dans l'Année littéraire de 1779, tom. Ier, et réimprimé dans le tome Ier du Spectateur français (Paris, 1805 et ann. suiv.).

184. Lettre à M. D. B. (De Bure) sur la réfutation du livre de l'Esprit (d'Helvétius) par J.-J. Rousseau, avec quelques lettres de ces deux auteurs. (Par *L. Dutens*). Londres, et Paris, Barbou, 1779, in-12 de 48 pag.

Réimprimée dans les OEuvres de Rousseau, édition de Genève, 1782, tome III du premier Supplément.

185. Notes de M. *Naigeon* sur J.-J. Rousseau.

Imprimées dans le Mercure de France, vers 1780. Voyez l'article qui a pour titre : « Fragment d'une lettre de M. de Voltaire », avec quelques réflexions préliminaires sur cette lettre; réimprimé dans le Magasin encyclopédique, juin 1815.

186. Mandement de monseigneur l'archevêque de Vienne (*J.-Geo. Lefranc de Pompignan*), portant défense de lire les OEuvres de J.-J. Rousseau, et l'Histoire philosophique du sieur Raynal) . 1781, in-4.

187. Rousseau vengé, ou Observations sur la critique qu'en a fait M. de La Harpe, et en général sur les critiques qu'on fait des grands écrivains. Par l'abbé de *Gourcy*. Londres, et Paris, Delalain, 1772, in-12. (Q.).

188. Sur J.-J. Rousseau, par M. de *La Harpe*. Impr. dans le Cours de littérature, tome XVI, pag. 333 et suiv., première édition, in-8.

189. Réflexions sur J.-J. Rousseau et ses ouvrages, par M. de *La Harpe*. Impr. dans le Mercure de France, 5 octobre 1778, et dans le Cours de littérature, tome XVI, page 352.

190. A M. de La Harpe, sur son article concernant J.-J. Rousseau; par M. *Corancez*. Impr. dans le Journal de Paris, du 30 octobre 1778, et à la fin de la brochure du même auteur, intitulée : De J.-J. Rousseau, etc. (Voy. n° 246).

191. Sur J.-J. Rousseau, par M. *Clément*, de Dijon.

Imprimé en tête du deuxième volume des Essais de critique sur la littérature ancienne et moderne de l'auteur (1785, in-12). Clément y pose en fait que les sincères partisans de Rousseau ne peuvent être que des amis de la vertu (pag. 5).

192. Analyse des ouvrages de J.-J. Rousseau, de Genève, et de ceux de M. Court de Gebelin. Par un solitaire (l'abbé *Le Gros*). Genève, et Paris, 1785, in-8.

193. Examen des systèmes de J.-J. Rousseau et de M. Court de Gebelin, pour servir de suite à l'Analyse, etc. (par le même abbé *Le Gros*). Genève, et Paris, 1786, in-8.

194. Lettres sur les ouvrages et le caractère de J.-J. Rousseau. Par madame la baronne de *Staël*. 1788, in-8 et in-12.—

Dernière (3e) édition , augmentée d'une Lettre de madame la comtesse de Vassy, et une Réponse de madame la baronne de Staël. 1789, in-8. — Autre édition. 1798, in-8.

Réimprimées de nouveau , avec une seconde préface, à la suite des « Réflexions sur le suicide, etc. », du même auteur. (Paris, 1814, in-8), et dans le tome 1er de ses OEuvres.

195. Letters on the Works and Character of J.-J. Rousseau. By the Baroness de *Staël*. To which is added a Letter from the Countess of Alexandre at Vassey to the Baroness de Staël; translated from the french. London, 1789, in-12. (Q.).

196. Lettere sugli scritti e sul carattere di G.-G. Rousseau, trad. del franc. della signora bar. di *Stael-Holstein*, con un Discorso del traduttore sullo stesso argomento. Mendriso, 1817, in-8, 2 fr. 50 c. (Q.).

197. Réponse aux « Lettres sur le caractère et les ouvrages de J.-J. Rousseau (par le marquis de *Champcenetz*). Genève, 1789, in-8.

198. Contre Réplique à l'auteur d'une longue Réponse (du marq. de Champcenetz), par madame la baronne de S** (*Staël*). Genève, 1789, in-8 de 14 pages.

199. Réponse à la Réponse de M. Champcenetz, au sujet de l'ouvrage de madame la B. de S** (la baronne de Staël), sur Rousseau. 1789, in-8 de 27 pag.

200. Remerciments de J.-J. Rousseau à madame la baronne de Staël, remis à leur adresse par ***, courrier extraordinaire pour le trimestre du printemps, datés des Champs-Élysées, le 1er avril 1789. In-8 de 8 pag.

201. Esprit (l') d'orgueil et les folles contradictions de J.-J. Rousseau, à l'occasion d'un recueil intitulé : « le Véritable esprit de J.-J. Rousseau ». (Par *Geoffroy*).

Article du Journal des Débats du 24 nivose an XIII : il a été reproduit dans le tome XXII des OEuvres de Rousseau, édition de 1819—20.

202. Jugement général sur J.-J. Rousseau et sur ses ouvrages. Par M. de *Barante*.

Imprimé dans l'ouvrage de l'auteur, intitulé : De la Littérature française pendant le XVIIIe siècle, et réimpr. dans le XXIIe volume des OEuvres de Rousseau, édition de 1819—20.

203. Jugement général sur J.-J. Rousseau et sur ses ouvrages. Par M. *Ch. Lacretelle*.

Imprimé dans l'Histoire de France, pendant le XVIIIe siècle, de l'auteur, IVe édit., tom, IV. pag. 127 et suiv., et réimpr. dans le tome XXII des OEuvres de Rousseau, édition de 1819—20.

204. Jugement général sur J.-J. Rousseau et sur ses ouvrages. Par M. *Aubert de Vitry*.

Imprimé dans le Journal général de France, des 23 septembre et 3 octobre 1818, et réimpr. dans le XXIIe volume des OEuvres de Rousseau, édition de 1819—20.

205. De Rousseau et des philosophes du XVIIIe siècle; par feu M. d'*Escherny*. Paris, 1811, in-12. Impr. dans le troisième volume de ses « Mélanges de littérature, d'histoire », etc.

206. Jugement philosophique sur J.-J. Rousseau et sur Voltaire; par *H. Azaïs*. Paris, Plancher, 1817, in-8 de x et 72 pages.

207. Essai sur J.-J. Rousseau, par *Bernardin de Saint Pierre*. Impr. dans le XIIe volume de l'édition in-8 , et dans le Xe de l'édition in-18 de ses OEuvres complètes. Paris, 1820.

Cet Essai mériterait d'être réimprimé séparément.

208. J.-J. Rousseau. Par *E. Lerminier*.

Imprimé dans la « Philosophie du droit », de l'auteur, tome II, page 219. Ce morceau a d'abord paru dans la Revue des deux mondes, 1831, tome IV, page 350.

209. De J.-J. Rousseau. Par *Ed. Richer*.

Imprimé dans le Lycée armoricain. C'est un fragment d'un travail considérable dont l'auteur s'occupait, et qu'il se proposait de publier sous ce titre : « Des Erreurs et des Progrès de l'esprit humain ». Son article sur Rousseau, et un autre sur Bernardin de Saint-Pierre, sont les seuls fragments qui aient été publiés dans le « Lycée armoricain ». (Q.)

210. Observations sur le caractère et les écrits de Rousseau. Par *Étienne Dumont*.

Imprimées dans la « Bibliothèque universelle de Genève ». Nouv. série, tome II, page 127 (1836) C'est à M. J. Duval , légataire des manuscrits de Dumont, que l'on doit la publication de ce morceau, ainsi que du suivant : « Observations sur le style de J.-J. Rousseau », par Étienne Dumont, imprimées dans le volume précité, pag. 298.

211. J.-J. Rousseau à l'Assemblée nationale (par M. *Aubert de Vitry*). Paris, rue du Hurepoix, 1789, in-8 de 360 pag.

212. J.-J. Rousseau, aristocrate. (Par *Charles-Francois Le Normant* , Orléanais , notaire à Paris, mort en 1816). Paris, 1790, in-8 de 109 pag.

213. J.-J. Rousseau (de), considéré comme un des premiers auteurs de la révolution, par M. *Mercier*. Paris, 1791, 2 vol. in-8.

214. Disciple (le) de J.-J. Rousseau, par M. V. D. M. (*V.-D. Musset-Pathay*), 6 pages in-8, dans la Décade philosophique,

34

année 1802, tome XXXIII, page 355.

215. J.-J. Rousseau aux Français, par *J. Martin*, ex-économe des hôpitaux militaires. Chambéri, Gorrin, an XI (1803), in-8 de 6 pages.

216. J.-J. Rousseau apprécié comme écrivain et comme philosophe, par M. *Dussault* et autres. Impr. dans le premier volume du Spectateur français.

217. J.-J. Rousseau, accusateur des prétendus philosophes de son siècle, et prophète de leur destruction; traduit de l'italien d'après la dernière édition. Rome (Lyon), 1807, in-12 de 48 pag.

218. Ritratti, o Vite litterarie e Paralelli di G.-G. Rousseau e di Voltaire; di Obes e di Spinosa, e Vita di Pietro Bayle. Per *Antonio Valsecchi*. Venezia, 1816, in-8, 1 fr. 50 c. (Q.).

219. Mandement de MM. les vicaires généraux du diocèse de Paris, pour le carême de 1817. Paris, 1817, in-4 et in-8.

220. Voltaire et Rousseau, ou le Procès des morts, conte si l'on veut, par feu *Rigomer Bazin*. Au Mans, chez Hénault, 1817, in-8 de 16 pag.

221. Questions importantes sur les nouvelles éditions des OEuvres complètes de Voltaire et de J.-J. Rousseau, par M. l'abbé *Clausel de Montals*, avec ces paroles de Louis XVI, pour épigraphe : *Ces deux hommes ont perdu la France.* Paris, Égron, 1817, in-8.

222. Instruction pastorale de Mgr l'évêque de Troyes (*Ét.-Ant. de Boulogne*), sur l'impression des mauvais livres, et notamment sur les nouvelles OEuvres complètes de Voltaire et de Rousseau. Paris, Leclère, 1821, in-8 de 76 pag.

223. Quelques Mandements de monseigneur l'évêque de Troyes (*Ét.-Ant. de Boulogne*), à l'occasion des victoires d'Eckmulh, Ratisbonne, Wagram, etc., de la naissance et du baptême de S. M. le roi de Rome, réimprimés (par les soins de H. Wermanc), pour faire suite à l'Instruction pastorale de S. É. sur l'impression des mauvais livres, et notamment sur les nouvelles OEuvres complètes de Voltaire et de Rousseau. Paris, Belin, 1821, in-8 de 17 pag.

DEUXIÈME PARTIE.

Écrits relatifs à la personne de J.-J. Rousseau.

224. Lettre de J.-J. Rousseau, de Genève, qui contient sa renonciation à la société et ses derniers adieux aux hommes, adressée au seul ami qui lui reste dans le monde. 1762, in-12.

Cette brochure, de quelques pages, est de Pierre-Firmin de Lacroix, avocat de Toulouse, qui imitoit assez bien le style de Jean-Jacques. Plusieurs lecteurs y furent trompés, et la crurent réellement de Jean-Jacques.

225. Profession de foi philosophique (par *Borde*). Amsterdam, Marc-Michel Rey (Lyon), 1763, in-12 de 35 pag., et in-8, dans les OEuvres de l'auteur.

Satire contre J.-J. Rousseau, réimprimée en 1783, à la suite des *Réflexions* de M. Servan sur les *Confessions de J.-J. Rousseau.*

226. Lettre à M. J.-J. Rousseau (par Mlle *Mazarelli*, depuis marquise de *Saint-Chamond*). 1763, in-12, et dans l'Année littéraire de Fréron, 1763, tome VI, page 19.

227. Exposé succinct de la contestation qui s'est élevée entre M. Hume et M. Rousseau, avec les pièces justificatives (traduit de l'anglais par M. *Suard*, avec une préface du traducteur). Londres, et Paris, 1766, in-12.

Réimprimé, ainsi que les trois pièces suivantes dans le tome XXVII du Rousseau de Poinçot. Paris, 1788—1793, 39 vol. in-8.

228. Lettre de Frédéric II, roi de Prusse (ou plutôt d'*Horace Walpole*), à J.-J. Rousseau. In-8 de 2 pag., et in-12 dans le recueil précédent, page 25.

229. Justification de J.-J. Rousseau dans la contestation qui lui est survenue avec M. Hume. Londres, 1766, in-12.

230. Lettre de M. de Voltaire à M. Hume. 1766, in-8.

Cette lettre se trouve dans la *Correspondance générale de Voltaire.*

Voyez d'autres Lettres de Voltaire sur le même sujet, dans la *Correspondance de Grimm*, première partie, tome V, pag. 376 et suiv.

Les Lettres de Grimm, sur cette brouillerie, méritent d'être lues. Voyez le volume cité, pag. 33 et suiv.

231. Notes sur la Lettre de M. de Voltaire à M. Hume; par M. *L****. Sans date, in-12 de 32 pag.

Voltaire dit, dans la *Correspondance de Grimm*, première partie, tome V, pag. 411, que l'auteur de ces notes était un intime ami du docteur Tronchin : aurait-il voulu parler de M. Lullin de Châteauvieux, membre du conseil de Genève? On le croit lui-même auteur de ces notes.

232. Plaidoyer pour et contre J.-J. Rousseau et le docteur D. Hume, l'historien anglais, avec des anecdotes intéressantes relatives au sujet; ouvrage moral et critique, pour servir de suite aux OEuvres de ces deux grands hommes (par M. *Bergerat*). Londres, et Lyon, Cellier, 1768, in-12 de 298 pag.

Cet ouvrage a été réimpr., 1° dans le tome XXVII des OEuvres de Rousseau, Genève, 1782, in-8; 2° dans le tome XXVII du Rousseau de Poinçot; 3° dans le XVIII⁰ volume du Rousseau de Defer de Maisonneuve, in-4.

.J'ai vu au Dépôt bibliographique de la rue de Choiseul, un exemplaire relié en maroquin rouge; avec un frontispice portant le nom de l'auteur. *Barb.*

233. Réflexions posthumes sur le grand procès de Jean-Jacques avec David. Paris, sans date, in-12.

234. Rapporteur (le) de bonne foi, ou Examen sans partialité et sans prétention, du différend survenu entre M. Hume et M. Rousseau de Genève (par *T. Verax*). 1766, in-12.

235. Docteur (le) Pansophe (ou Lettres de M. de *Voltaire* et de M. *Borde*). Londres, 1766, in-12.

La Lettre du docteur Pansophe est de M. Borde. Voltaire avait d'abord attribué cette pièce satirique à l'abbé Coyer, qui l'a désavouée par une lettre insérée dans les *OEuvres diverses de J.-J. Rousseau*, édition de Neufchâtel (Paris), tome VII.

236. Précis pour M. Rousseau, en réponse à l'exposé succinct de M. Hume, suivi d'une Lettre de madame *** (*Latour de Franqueville*) à l'auteur de la Justification de M. Rousseau. Paris, 1767, in-12.

Réimprimé sous le titre d'*Observations* dans le XXVII⁰ volume du Rousseau de Poinçot.

J.-J. Rousseau a écrit de Woolton, le 7 février 1767 :

« Je viens de recevoir, dans la même brochure, « *deux pièces* dont on n'a point voulu nommer les « auteurs; la lecture de la première m'a fait chérir « le sien sans me le faire connaître. Pour la se- « conde, en la lisant, le cœur m'a battu, et j'ai « reconnu ma chère Marianne; j'espère qu'elle me « connaîtaussi. « *Signé*, J.-J. Rousseau ».

Marianne était le nom sous lequel J.-J. Rousseau désignait madame Latour de Franqueville. Voyez la *Correspondance originale et inédite de J.-J. Rousseau avec madame Latour de Franqueville*. Paris, 1803, in-8, tome II, pages 38 et suiv. (C'est à tort que les *Mémoires secrets de Bachaumont* attribuent cette lettre à madame d'Épinay. Voy. le tome III, page 168).

237. Lettre à M. ***, relative à J.-J. Rousseau (par M. *Du Peyrou*), à Goa, 1765, avec la réfutation de ce libelle; par le prof. de Montmollin, 1765, in-8.

Cette lettre a été suivie de deux autres.

238. Recueil de Lettres de J.-J. Rousseau, et autres pièces relatives à sa persécution et à sa défense; le tout transcrit d'après les originaux. Londres, et Paris, 1766, in-12.

Ce recueil contient trois lettres de M. *Du Peyrou*, relatives à J.-J. Rousseau; la réfutation de la première lettre par le pasteur Montmollin, etc. Plusieurs de ces morceaux avaient été imprimés séparément l'année précédente. M. Du Peyrou a reproduit ses trois lettres dans le tome XXVII des *OEuvres de Rousseau*, édition de 1782.

239. Articles 2, 3 et 4 des *Extraits des journaux* dans le *Journal des Savants*, avril 1766, édition de Hollande, relatifs à la persécution suscitée à Motiers Travers, contre J.-J. Rousseau.

Les articles 2 et 3 sont traduits du journal anglais *Monthly Review*, par Alétophile (Vincent Gaudio, ancien professeur de droit à Naples, mort en Hollande vers 1767). Le quatrième article contient des notes générales d'Alétophile sur les deux articles précédents; ces articles furent dénoncés au magistrat; le libraire Marc-Michel Rey eut défense de vendre le journal qui les contenait. Vincent Gaudio fit paraître sa justification dans le mois de mai suivant. Dans le mois d'août, du même journal, se trouve une lettre fort vive, signée *Cléanthe*, en réponse aux assertions d'Alétophile contre les prêtres, et aux louanges qu'il prodigue à J.-J. Rousseau. On doit au professeur Gaudio différents ouvrages de littérature et de jurisprudence. Voy. mon « Examen critique des Dictionnaires historiques ». Paris, 1820, in-8. *Barb.*

240. Extrait des papiers anglais, contenant : Lettre d'un Anglais à J.-J. Rousseau. — Lettre d'un quaker à J.-J. Rousseau. — Fragment d'un ancien manuscrit grec. Impr. dans l'Année littéraire de Fréron, 1768, tome II, pages 188 et suiv.

241. Sentiments d'un Anglais impartial sur la querelle de MM. Hume et Rousseau; extrait des papiers anglais, in-12. Imprimés dans l'Année littéraire, 1766, tome VII, page 314.

242. Remarks on the Writings and Conduct of J.-J. Rousseau. London, Cadel, 1767, in-12. (Q.).

243. Defense (a) of Mr. Rousseau, against the Aspersions of Mr. Hume, Mr. Voltaire, and their Associates. London, Bladon, 1767, in-8. (Q.).

244. Letter (a) to the hon. Horace Walpole, concerning the Dispute between Mr. Hume and Mr. Rousseau. By *Ralp Heathcote*, D. D. 1767, in-12. (Q.).

245. J.-J. Rousseau à Lyon (en 1770). *Horace Coignet* sur J.-J. Rousseau.

Imprimé dans « Lyon, vu de Fourvières », page 539—552. (Lyon. 1833, in-8).

Dans ce morceau, Hor. Coignet révendique la musique de *Pigmalion*, qu'il composa sur la demande de Rousseau, et pendant le séjour de celui-ci à Lyon (Q).

246. De J.-J. Rousseau; extrait du Journal de Paris, des numéros 251, 252, 253, 259, 260 et 261 de l'an vi (1798); (par M. *Corancez*). In-8.

Réimprimé dans quelques éditions des OEuvres de Rousseau, et notamment dans celle de 1819-20.

Corancez termine son écrit en affirmant que Rousseau s'est donné la mort.

Mad. de Staël, dans le n° 194, avait déjà voulu essayer de prouver que Rousseau s'était suicidé.

Depuis Mad. de Staël et Coancez, M. Musset-Pathay a présenté le même fait comme vraisemblable.

247. Anecdotes of the last twelve years of the life of J.-J. Rousseau ; originally published in the « Journal of Paris », by citizen *Corancez*, one of the Editors of that Paper ; translated from the french. London, Wallis, s. d. in-8. (Q.).

248. Relation des derniers jours de M. J.-J. Rousseau, circonstances de sa mort, et quels sont les ouvrages posthumes qu'on peut attendre de lui ; par *Le Bègue de Presle*, avec une addition relative à ce sujet, par *J.-H. de Magalhaens*. Londres, et Paris, 1778, in-8.

249. Relation or Notice, etc., an Account of the circumstances preceding and attending the Death of M. J.-J. Rousseau, etc. Translated from the french from *Lebègue de Presle* and *J.-H. Magalhaens*. 1778, in-8. (Q.).

249*. Sur le séjour de J.J. Rousseau à Ermenonville (en 1778), et sur sa mort. Par *Girardin*. Dans les Mémoires de ce dernier, nouv. édit., 1834, in-8, avec le fac-simile d'une lettre de la femme de Rousseau.

250. Réveil (le) de J.-J. Rousseau, ou Particularités sur sa mort et sur son tombeau. Par M. B. de V** (M. *Brard*, médecin). Genève, et Paris, 1783, in-8.

251. Lettre à M. Musset-Pathay, auteur de l'ouvrage intitulé : « Histoire de la vie et des ouvrages de J.-J. Rousseau. Par *Stan. Girardin*. Paris, Dupont, 1824, in-8.

252. Réponse à la Lettre de M. Stan. Girardin, sur la mort de J.-J. Rousseau. Par M. *Musset-Pathay*. Paris, 1824, in-8.

253. Lettre sur J.-J. Rousseau, adressée à M. d'Es..., par M. *** (le chevalier de *Bruny*). Genève, et Paris, Brunet, 1780, in 8. Réimprimé dans le tome XXIX des *OEuvres de Rousseau*, 1782.

254. Lettre sur J.-J. Rousseau, adressée à un prince d'Allemagne. (Voyez la *Correspondance de Grimm*, 3e partie, tome I, page 268).

255. J.-J. Rousseau vengé par son amie, ou Morale pratico-philosophico-encyclopédique des coryphées de la secte (par madame *Latour de Franqueville*). Au Temple de la Vérité (Hollande), 1779, in-8 de 72 pag.

On trouve dans ce volume, 1° *Lettre d'un anonyme à un anonyme, ou Procès de l'esprit et du cœur de M. d'Alembert*; 2° *Lettre à M. Fréron*, par madame de La Motte; 3° *Lettre de madame de Saint-G****

à *M. Fréron*. Madame de Latour s'est cachée sous ces différents masques.

256. Rousseau juge de Jean-Jacques. 1780, in-12.

257. Vertu (la) vengée par l'Amitié, ou Recueil de lettres sur J.-J. Rousseau ; par madame de *** (*Latour de Franqueville*), in-8, ou XXXe vol. des *OEuvres de Rousseau*, édition de Genève, 1782.

Ce volume contient les trois lettres de madame de Franqueville, citées sous le n° 255, celle qu'elle avait publiée en 1766, et plusieurs autres qui avaient été insérées dans l'Année littéraire, tantôt sous le nom de madame de La Motte, et tantôt sous celui de madame de Riez-Genest. On y remarque ensuite l'Errata de l'Essai sur la musique ancienne et moderne, de M. de La Borde, et la réplique de madame de Franqueville à la réponse faite par M. de La Borde à l'Errata, insérée dans son Supplément à l'Essai sur la musique. On assure que le célèbre violon Pierre Gaviniès a fourni à madame de Franqueville le fond de ces deux critiques contre M. de La Borde.

Le libraire Poinçot n'a reproduit qu'une partie de ces lettres dans le tome XXVIIIe de son édition de Rousseau ; une autre partie se trouve dans le XXXe. Il avait donné, dans le XXVIIe, la lettre de 1766. Il a donc omis celle qui porte la date de 1772, et qui, comme les autres, est annoncée dans la préface de son XXVIIIe volume.

258. J.-J. Rousseau justifié envers sa patrie (par *Béranger*). Londres, 1775, in-8. Réimprimé dans le XXVIIIe volume du Rousseau de Poinçot.

259. Rousseau n'a-t-il rien fait pour sa patrie? ou Démonstration d'un cercle vicieux, dans lequel tourne l'opinion aussi erronée que déshonorante pour les Génevois, que professe sur cette question un professeur de notre academie. (Par M. *Dav. Dunant*, libraire de Genève). Genève, 1828, in-8 de 8 pag. (Q.).

260. Motion relative à J.-J. Rousseau; par *Ange-Marie d'Eymar*, député de Forcalquier à l'Assemblée nationale. Paris, 1790, in-8.

261. Prosopopée de J.-J. Rousseau, ou Sentiments de reconnaissance des amis de l'instituteur d'Émile à l'Assemblée nationale de France, etc. Paris, 1790, in-8.

262. Rapport sur J.-J. Rousseau, fait au nom du comité d'instruction publique, par *Lakanal*, dans la séance du 29 fructidor, imprimé par ordre de la Convention nationale, et envoyé aux départements, aux armées, et à la république de Genève. In-8. — Le même Rapport, suivi des détails de la translation des cendres de J.-J. Rousseau au Panthéon français. In-8.

M. Lakanal, membre de l'Institut national, s'était proposé de publier, en un vol. in-12 et un volume in-4, plusieurs *manuscrits de Rousseau*, extraits de ceux réunis dans la Bibliothèque du comité d'instruction publique, et dans plusieurs autres dépôts littéraires. Ces manuscrits formaient dix-sept cahiers de vingt pages chacun : deux renfermant des additions considérables au Contrat social; trois, des additions à l'Émile; trois, à la Nouvelle Héloïse; deux, aux Confessions; deux, aux écrits sur la musique: un, renfermant des vues générales sur l'agriculture, le commerce et les finances; deux, contenant des notes sur les personnages cités par l'auteur, et la clef de ses écrits, ou nomenclature des noms qui n'y sont indiqués que par des lettres initiales.

A ces extraits M. Lakanal se proposait de joindre un grand nombre de lettres écrites par le philosophe de Genève à plusieurs savants, gens de lettres et artistes, qui avaient bien voulu les lui communiquer, et lui permettre de les donner au public. Mais l'éditeur n'ayant pas obtenu de souscriptions suffisantes pour couvrir les frais de l'entreprise, M. Lakanal ne publia pas ces manuscrits. (Q.).

263. Pétition à l'Assemblée nationale, contenant demande de la translation des cendres de J.-J. Rousseau au Panthéon français, onzième séance du 27 août 1791 (rédigée par M. *Ginguené*); avec la réponse de M. Victor Broglie, président. De l'imprimerie nationale, in-8 de 15 pag.

263*. Relation de la cérémonie de la translation des restes de Rousseau d'Ermenonville au Panthéon. Dans les Mém. de *St.-Girardin*, nouv. édit., 1834, in-8, pag. 42 et suiv.

264. Grande dispute au Panthéon, entre Marat et Jean-Jacques Rousseau (signé *Dubrail*). Paris, de l'imprimerie des Sans-Culottes, in-8 de 15 pages.

265. Des Honneurs rendus à la mémoire de l'auteur d'Émile (par l'abbé *Brizard*); in-8. Impr. dans le XIVe volume du Rousseau de Poinçot.

266. Du respect et des honneurs accordés partout aux grands hommes.

Voy. le « Journal du Commerce » du 8 février 1818. On y apprend, dans un article très-bien fait, que les chefs des armées étrangères, par respect pour la mémoire de J.-J. Rousseau, ont défendu, en 1815, à leurs soldats, d'imposer aucune taxe extraordinaire au village d'Ermenonville.

Voyez aussi le Discours prononcé à la Chambre des députés, par Stanislas Girardin, dans la séance du 25 mars 1822. Moniteur de 1822, pag. 465.

267. Description de la fête de J.-J. Rousseau, qui se célébrera le 28 juin, jour de sa naissance et de l'inauguration du monument que lui a décerné sa patrie. Par *F. Vernes*. 1794, in-12. (Q.).

268. Procès-verbal du conseil général de la commune de Lyon, pour la fête de J.-J. Rousseau (rédigé par feu M. *Sobry*, secrétaire-greffier). In-4 de 4 pag.

Cette fête a été célébrée le 25 vendémiaire an III (16 octobre 1794).

269. Lettre de *Pochelle*, représentant du peuple, sur la fête célébrée à Lyon, en l'honneur de Rousseau, le 25 vendémiaire an III (16 octobre 1794).

Imprimée dans la Revue rétrospective, deuxième série, tome Ier, pag. 159.

270. De mes rapports avec J.-J. Rousseau, et de notre Correspondance, suivie d'une Notice très-importante; par *J. Dusaulx*. Paris, 1798, in-8.

271. Lettre au citoyen D*** sur l'ouvrage intitulé : « De mes rapports avec J.-J. Rousseau; par M. *Granié*, jurisconsulte. Paris, 1798, in-8.

272. Sur l'ouvrage intitulé : « De mes rapports avec J.-J. Rousseau » (par *A. Jourdan*), in-8 de 13 pag. Extrait du Moniteur, 11 messidor an VI (1798), n. 281.

273. Conversation entre J.-J. Rousseau et Goldoni. Impr. dans les Mémoires de ce dernier, pour servir à l'histoire de sa vie. Paris, 1787, 3 vol. in-8, et dans les Révélations indiscrètes du dix-huitième siècle. Paris, 1814, petit in-12, page 416.

274. Mes Conversations avec Jean-Jacques (par le prince de *Ligne*), 8 pages et demie. Impr. à la fin du tome X de ses OEuvres. A mon Refuge, 1795 et années suivantes.

Le prince de Ligne a adressé à J.-J. Rousseau, en 1770, une lettre sérieuse pour l'engager à accepter une retraite dans ses terres. On la trouve dans plusieurs gazettes du temps, ainsi que dans la Correspondance de Grimm, seconde partie, tom. I, page 228.

275. Anecdotes sur J.-J. Rousseau, tirées du Voyage de M. *William Coxe* en Suisse. Impr. dans l'Esprit des journaux, juin 1790, et dans la traduction française de ce Voyage, par M. *Lebas*. Paris, 1790, 3 vol. in-8.

276. Histoire de mes relations avec J.-J. Rousseau, par madame de *Genlis*. Dans les « Souvenirs de Félicie L**, » troisième édition. Paris, in-12, pag. 292-310.

277. Lettres du professeur Prévost, de Genève, membre de l'Académie royale des sciences et des belles-lettres de Prusse, sur J.-J. Rousseau, in-8. Dans le deuxième volume des « Archives littéraires «, Paris, 1804, et in-12 dans « l'Esprit des journaux».

278. Serin (le) de J.-J. Rousseau, anecdote inédite, par madame *Isabelle de Montolieu*. Impr. dans le Mercure de France, du 5 octobre 1811, et dans les Dix Nouvelles de l'auteur. Genève, et Paris, 1815, 3 vol. in-12.

279. Rousseau et la religion de nos pères. Par l'éditeur de « les Morts enter-

rant leurs morts » (M. *Cés. Malan*). Genève, 1829, in-12.(Q.).

280. Souvenirs de J.-J. Rousseau, fragments d'une correspondance inédite.

Deux Lettres écrites par un jeune Suisse, admirateur passionné de l'Émile et de la Nouvelle Héloïse, qui fit le pélerinage de Moitiers-Travers peu de temps avant le départ de Rousseau pour l'île Saint-Pierre. Ces Lettres, jusqu'à ce jour inédites, datées de Berne, 30 mai 1764 et 6 juin 1764, sont imprimées dans la Bibliothèque univ. de Genève, nouvelle série, 1836, tome 1er, page 82.

Éloges et Biographies de J.-J. Rousseau.

281. Éloge de J.-J. Rousseau. Par M. de *La Croix.* Paris, 1778, in-8.

282. Éloge de M. Rousseau, de Genève. Par M. *Palissot.*

Imprimé dans le quatorzième volume du « Nécrologe des hommes célèbres de France » (1779, in-12).

283. Éloge de M. Rousseau, de Genève. Sous date (1779), in-8 de 35 pag.

284. Fragmente über Rousseau's Leben, Character und Schriften. Von *Girtanner.* Wien, 1782, in-8. (Q.).

285. Lettre insérée dans le « Mercure de France », du 28 octobre 1783, pour l'éloge de J.-J. Rousseau.

286. Éloge de J.-J. Rousseau, présenté à l'Académie des Jeux-Floraux, en 1787, par *B. Barère.* 1787, in-8.

Réimprimé dans le Recueil des Éloges de l'auteur. Paris, Renouard, 1806, in-8.

287. Éloge de J.-J. Rousseau, qui a remporté le prix au jugement de l'Académie des Jeux-Floraux; par M. *Chas.* 1787, in-8.

288. Éloge de J.-J. Rousseau (par M. *Bilhon*). Paris, 1788, in-8 de 68 pages. — Seconde édition. Paris, 1799, in-8 de 66 pag., avec le nom de l'auteur.

289. Vie de J.-J. Rousseau, précédée de quelques lettres relatives au même sujet. Par M. le comte de *Barruel-Beauvert.* Londres, et Paris, 1789, in-8.

290. Éloge de J.-J. Rousseau, avec des anecdotes très-intéressantes, relatives à ce grand homme, etc.; par *J.-J.-O. Meude-Monpas*, membre de plusieurs académies. Paris, 1790, in-8 de 24 pag.

291. Éloge de J.-J. Rousseau, qui a concouru pour le prix de l'Académie française. Paris, Grégoire, 1790, in-8 de 60 pages.

292. Éloge de J.-J. Rousseau, mis au concours de 1790, par M. *de l'Orthe.* Paris, 1791, in-8.

293. Éloge de J.-J. Rousseau, qui a concouru pour le prix d'éloquence de l'Académie française, en l'année 1791; par M. *Thiéry*, avocat. Paris, 1791, in-8 de 82 pag.

294. Fête champêtre célébrée à Montmorency en l'honneur de J.-J. Rousseau, avec les Discours qui ont été prononcés le jour de cette fête, etc. Paris, Denné, 1791, in-8 de 50 pag.

295. Éloge de J.-J. Rousseau, citoyen de Genève, couronné par la Société populaire de Montpellier, et prononcé dans le temple de la Raison; par *J.-J. Rouvière*, membre de la Société. Montpellier, 1792, in-8 de 80 pag.

296. Éloge de J.-J. Rousseau, par *Michel-Edme Petit*, député. Paris, 1792, in-8.

297. Éloge de J.-J. Rousseau, par M. *Dejaure.* Paris, 1792, in-8.

298. Éloge de J.-J. Rousseau. Par M. *d'Escherny.* 1796, in-8.

Imprimé en tête de l'ouvrage de l'auteur, intitulé: de l'Égalité, ou Principes généraux sur les institutions, etc. 1796, 2 vol. in-8.

« On retrouve cet Éloge avec de nouvelles notes, en tête du troisième volume des *Mélanges* de l'auteur. M. d'Escherny doubla, en 1790, le prix de 600 francs destiné par l'Académie française au meilleur éloge de J.-J. Rousseau. Les troubles de la révolution ayant empêché de décerner ce prix, M. d'Escherny redemanda, en 1798, ses 600 francs à Marmontel. Peu de temps après, Lucien Bonaparte, alors ministre de l'intérieur autorisa le préfet de Seine-et-Oise à délivrer à M. d'Escherny des livres tirés du dépôt de Versailles pour une valeur de 600 fr. J'ai été chargé, en qualité de membre du conseil de conservation des objets de sciences et d'arts, d'effectuer cette remise ». *Barb.*

299. Éloge de J.-J. Rousseau, discours prononcé à la Société des amis de ce grand homme, etc.; par *J.-N. Buman.* Paris, P. Mongie, 1803, in-8 de 52 pag.

300. Éloge de J.-J. Rousseau, par M. *Patris de Breuil*, aujourd'hui juge de paix à Troyes. Paris, Patris, 1810, in-12. Impr. en tête des Opuscules en prose et en vers de l'auteur.

301. Abrégé de la vie de J.-J. Rousseau, citoyen de Genève, tiré de ses Confessions et de ses autres ouvrages; par *Jean-Bruno Forest*, ancien militaire, élève de Marmontel, et membre de plusieurs sociétés savantes, etc. Paris, les libr. associés, 1808, in-8.

M. Forest a joint à cette vie de Rousseau, *la Nouvelle Héloïse*, mise en scènes, pour former un drame en cinq actes; et il annonce à la fin que l'*Émile*, ou *Traité de l'éducation*, en abrégé, est sous presse. Ce dernier ouvrage n'a point paru.

302. Histoire de la vie et des ouvrages de J.-J. Rousseau, composée de documents authentiques, et dont une partie est restée inconnue jusqu'à ce jour; d'une

Biographie de ses contemporains, considérés dans leurs rapports avec cet homme célèbre. Par M. *V.-D. Musset-Pathay*. Paris, Brière, 1821, 2 vol. in-8, et in-12. — Nouv. édition, réduite et augm. Paris, 1827, in-8.

303. Addition à l'Histoire de J.-J. Rousseau (contenant une longue lettre de Rousseau à madame d'Houdetot), avec des notes; par M. *Kératry*, etc. Paris, Brière, 1822, in-8.

Cette addition forme les pages 545 à 560 du tome II de l'ouvrage de M. Musset-Pathay, et la quatorzième lettre de ce volume, page 40.

Une bonne histoire de la vie et des ouvrages de Rousseau reste encore à faire; car l'ouvrage de Musset-Pathay ne peut en tenir lieu.

Outre les biographies publiées en France, où l'on trouve des notices sur J.-J. Rousseau, on peut encore consulter les ouvrages suivants : 1° Portraits des grands hommes de la Suisse, tome Ier; 2° Nécrologe des hommes illustres, tom. Ier; 3° Mémoires de Palissot; 4° les Trois Siècles de la littér. franç., par Sabatbier; 5° Haller's Bibliothek der Schweizergeschichte; 6° Histoire littéraire de Genève, par Senebier (1786, 3 vol. in-8). Les longs fragments que nous avons tirés de cette dernière notice, prouve le cas que nous en faisons; 7° la Galerie française, ou Collection de portraits des hommes et des femmes qui ont illustré la France dans les xvie, xviie et xviiie siècles (Paris, F. Didot, 1823, in-4). La notice sur Rousseau est de M. *Saint-Albin Berville*. 8° la Galerie de Mgr le duc d'Orléans. La Notice est de M. *J. Vatout*.

La Notice sur Rousseau, insérée au xxxixe volume de la Biographie universelle est un libelle infâme, qui, du reste, ressemble à tous les articles de cette Biographie, dès qu'il s'agit ou des philosophes du xviiie siècle, ou des hommes qui ont adopté les principes de la Révolution. La Notice sur Rousseau a été le sujet d'une réclamation insérée dans le Globe, tom. Ier, pag. 335 (1826). Nous la reproduisons ici textuellement, parce qu'elle nous semble caractériser, à l'occasion de Rousseau, l'esprit que M. Michaud a donné à sa publication.

A MM. les rédacteurs du Globe.

Messieurs,

« L'homme vivant, calomnié, peut avoir recours aux lois; mais la calomnie qui s'introduit dans l'Histoire n'est justiciable que du public. Les journalistes, organes de l'opinion, doivent donc la dénoncer pour la punir ».

« Dans le xxxixe volume de la Biographie universelle, l'article *J.-J. Rousseau*, où l'on devait s'attendre à trouver un examen approfondi des opinions d'un homme qui a mérité d'être réfuté autrement que par le récit de ses erreurs privées, ne contient qu'un extrait envenimé de ses propres confessions. Jusque là il n'y a que perte de temps et de papier, économie d'idées et de critique ».

« Mais ce qui est plus grave, ce sont deux imputations qui, plus que tout le reste, avaient besoin d'être prouvées. D'abord, le biographe affirme que Jean-Jacques fut l'auteur d'une lettre anonyme adressée à Saint-Lambert, et qu'il ne craignit pas d'imputer à un autre. Quels garants le biographe cite-t-il de cette double infamie? Les Mémoires de Marmontel, sans indiquer la page, et le témoignage d'une personne qu'il ne nomme pas, mais qui avait été, dit-il, *aussi à portée que Marmontel de s'instruire de ce fait* : comme si l'on pouvait jamais *être à portée* de connaître l'auteur d'une lettre anonyme; ou comme si, dans cette supposition même, on ne devait pas compte au public des indices qui ont conduit à cette découverte ».

« Il insinue ailleurs que ce ne fut pas un vieux ruban que vola Rousseau chez madame de Vercellis. Il semble, au premier coup-d'œil, que peu importe l'objet volé, dès qu'il y a vol; mais si Jean-Jacques en eut imposé sur ce point, le mérite de son aveu, les larmes, le tableau si pathétique de ses remords, seraient entachés d'un mensonge. Sans doute, M. S. V. S. produit ici des preuves irrécusables à l'appui d'une aussi grave allégation. Voici ses propres paroles : « Des renseignements pris depuis « long-temps sur les lieux mêmes ont fait présumer « que ce vieux ruban était un couvert d'argent; « selon d'autres, c'était un diamant ». Il faut être bien friand de diffamations pour déposer dans un recueil qui porte le titre d'*historique*, de pareilles rumeurs, dont le seul mérite est de s'entre-détruire ».

« On conçoit que peu après la mort d'un homme célèbre, quand toutes les passions qui ont agité sa vie fermentent encore autour de son cercueil, on discute avec chaleur ses défauts, ses qualités, ses torts (torts, après tout, bien souvent réciproques), qu'on se console de la supériorité de l'homme de génie par la studieuse recherche des faiblesses de l'homme privé; c'est une jouissance toute contemporaine, et que nous devons peu envier à nos pères. Mais, quand la cendre est refroidie, quand la postérité est venue pour un grand écrivain, se présenter avec des anecdotes de coterie et des commérages qui datent de près d'un demi-siècle; enrichir sur les aveux d'un homme qui, certes, ne s'est pas ménagé lui-même; négliger la critique de ses écrits, qui déjà pèsent d'une influence immense dans la balance des destinées humaines, pour s'acharner sur le commencement et la fin d'une vie dont quinze années seules nous intéressent; c'est manquer à la fois au génie, à ses lecteurs et à soi-même, et c'est un tort qu'il appartient à votre feuille de signaler la première ».

Un de vos abonnés.

Les rédacteurs du Globe ont joint à cette Lettre les réflexions suivantes :

« Après la lecture de cette Lettre, nous nous sommes empressés de chercher l'article dénoncé; il est, en effet, écrit avec une haine bien acharnée; mais heureusement avec une si naïve impertinence que c'est vraiment pitié. Nous ne connaissons point les livres de M. S. V. S. : mais ce doit être un homme bien supérieur que celui qui termine par une sentence semblable à celle-ci : *Celui qui avait pris pour devise* Vitam impendere vero *n'aura peut-être pas laissé après lui une vérité utile au genre humain*. Il est vrai que si nous l'en croyons encore, la postérité ne lira que les *Confessions*; comme, sans doute, M. S. V. S n'a lu, non plus, que cet ouvrage, qui lui a si bien profité ».

« Si M. S. V. S. est ridicule, que dire de M. Michaud, qui, voulant élever un monument, et associant à son entreprise tant de beaux talents et d'honorables caractères, prostitue les pages de l'Histoire à de telles déclamations, et donne à une œuvre savante le caractère d'un pamphlet de circonstance? Rousseau n'est pas le seul homme de génie qu'on ait calomnié; nous savons tel philosophe de l'antiquité qui n'a échappé que grâce à la fermeté d'un rédacteur honnête homme; encore ne lui a-t-on pas laissé toute sa gloire; il y a à la « Biographie » des ciseaux de censeur pour retrancher l'éloge de la vertu qui n'est plus à la mode, et des faiseurs de bas étage pour la calomnier ».

40

304. Amours (les) de Bastien et Bas-
tienne , parodie du Devin du village , par
madame *Favart* et M. *Harni*, représentée
pour la première fois par les comédiens
italiens odinaires du roi, le mercredi 26
septembre 1753. In-8.

305. Osaureus, ou le Nouvel Abeilard ,
comédie nouvelle en deux actes et en
prose, traduite d'un manuscrit allemand
d'Isaac Rabener (composée par *A.-C. Cailleau* , libraire). Paris, de Poilly et Cailleau,
1761 , in-12

306. Héloïse (l') anglaise , drame en
trois actes et en vers, par M. *Aude*. Paris,
Cailleau, 1783 , in-8.

Cette pièce fut représentée avec un grand succès,
le 24 mars 1778 , par la troupe de Versailles.

307. Saint-Preux et Julie d'Étanges ,
drame en trois actes et en vers ; représenté
sur le théâtre de la Comédie italienne, le
6 février 1787 ; par M. *Aude*. Paris ,
1787, in-8.

C'est le même pièce que l'*Héloïse anglaise*, à l'ex-
ception du dénouement , que l'auteur a changé.

308. Nouvelle Héloïse (la), tragédie
en cinq actes, en vers, par le citoyen
Bohaire. Meaux , Enguin, an III (1794),
in-8.

309. Héloïse (l') de l'île Saint-Louis,
vaudeville en un acte, en prose et en vers ,
par M. *Geo. Duval*. Paris, madame Cava-
nagh , 1806 , in-8.

310. Nouvelle Héloïse (la), mise en
scène, par M. *Forest*. Voyez plus haut ,
n° 2...

311. Émile, comédie en vers et en un
acte , par *Léonard*. Voyez les OEuvres de
l'auteur, publiées par M. Campenon. Paris,
Didot jeune , 1797, tome II.

312. Pigmalione, opera del conte *Ste-
fano Zannowich*. Parigi , Fr.-Ambr. Didot, 1773 , in-8 , dans les Opere diverse
de l'auteur.

313. Pygmalion, scène lyrique de M. J.-J.
Rousseau, mise en vers par M. *Berquin*.
Le texte gravé par Drouet. Paris , 1775,
in-8.

314. Pygmalion, ballet-pantomime , en
deux actes , par *L.-J. Milon*. Paris , an VII
(1799), in-8.

315. Pygmalion à Saint-Maur , farce
anecdotique en un acte (prose), et en
vaudevilles, par MM. *Étienne*, *Gosse* et

Morel. Paris , André , an VIII (1800),
in-8.

316. Sauvage (le) hors de condition ,
tragédie allégorico-barbaresque, en un acte
et en vers; imprimé à Londres , débité à
Paris, et lu à la Haye. Sans date (1764),
in-8. Impr. à la suite du Sauvage en con-
tradiction, conte moral. Londres , Nourse,
1764, in-8.

317. Ombre (l') de J.-J. Rousseau, comédie en deux actes et en prose; par
M. L***. Londres, et Paris , 1787, in-8.

318. J.-J. Rousseau dans l'île de Saint-
Pierre, comédie en cinq actes et en prose.

Cette pièce n'a eu qu'une représentation au
Théâtre-Français, le jeudi 15 décembre 1791.

319. Ombre (l') de J.-J. Rousseau,
comédie en un acte et en vers, par M. *Dé-
riaux*.

Cette pièce a obtenu quelque succès en novembre
1793 , au théâtre des Variétés amusantes.

320. J.-J. Rousseau au Paraclet, comédie en prose et en trois actes, par M. *Aude*.
Paris, 1794, in-8.

Représentée avec succès, en novembre 1793, sur
le Théâtre-Français.

321. Enfance (l') de Jean-Jacques, comédie en un acte, mêlée d'ariettes, donnée
au théâtre de l'Opéra-Comique en 1794 ,
paroles de M. *Andrieux* , musique de Da-
layrac. Paris , Maradau, 1794 , in-8. Voy.
la Décade philosophique, tome I, page
286.

322. Jean-Jacques Rousseau à ses derniers moments, trait historique en un
acte et en prose ; par M. *Bouilly*. Paris ,
Brunet, 1791, in-8.

323. Fête (la) de J.-J. Rousseau, intermède en prose, mêlé de chant, etc. ;
par le citoyen *Dusausoir*. Paris , Dufart,
an III de la république (1794), in-8 de
19 pag.

324. Vallée (la) de Montmorency, ou
J.-J. Rousseau dans son ermitage, opéra-
comique en trois actes et en prose; par
MM. *Piis*, *Barré*, *Radet* et *Des Fontaines*.
Paris , 1798 , in-8.

325. J.-J. Rousseau , ou une Journée
d'Ermenonville, drame en trois actes, par
M. *Édouard* ; joué le 21 septembre 1813 ,
sur le théâtre de l'Odéon.

Cette pièce n'a pas eu de succès. On en trouve
l'analyse dans le Magasin encyclopédique tome CVI,
page 433.

326. Tailleur (le) de Jean-Jacques, comédie en un acte et en prose, par MM. *de*

Rougemont, *Merle et Simonin*, représentée pour la première fois à Paris, sur le théâtre de la Porte Saint-Martin. Paris, 1819, in-8 de 82 pag.

327. Charmettes (les), ou une Page des Confessions, comédie mêlée de couplets. Par MM. *Bayard*, *Vanderburch* et *Desforges*. Représentée sur le théâtre du Palais-Royal, le 5 avril 1834. Paris, 1834, in-8.

328. Confessions (les) de J.-J. Rousseau, drame en trois actes. Par MM. *Maillan*, *Dumanoir* et *Th. Muret*.

Cette pièce, qui n'a point obtenu de succès, et qui n'a pas été imprimée, est tirée du roman de M. Théod. Muret, intitulé : « le Chevalier de Saint-Pons », 2 vol. in-8.

Bien long-temps avant M. Th. Muret, en 1767, un avocat avait traité, dans un roman, un sujet semblable : son roman est intitulé : « J.-L. Rousseau, fils naturel de J.-J. Rousseau ». Par *Vincent*, avocat. Paris, 1765, in-8. (Q.).

Pièces de vers sur J.-J. Rousseau.

329. Épître à J.-J. Rousseau, citoyen de Genève. Genève et Paris, 1769, in-8 de 39 pag.

330. Tombeau (le) de J.-J. Rousseau. Stances, par *Sylvain M**** (*Maréchal*). Ermenonville, et Paris, 1779, in-8 de 8 pages.

331. Aux mânes de Rousseau, poëme (par *Le Suire*). Genève, et Paris, 1780, in-12.

332. Ode sur la mort de J.-J. Rousseau, qui a remporté le prix de l'Académie de la Rochelle, en 1786. Par *Duvigneau*. Bordeaux, 1786, in-4 de 12 pag.

333. Hommage (l') de la nation à J.-J. Rousseau. Par M. *Paris*, de l'Oratoire.

Imprimé dans le troisième volume des « Poésies philosophiques et descriptives ». (Paris, Cailleau, 1792, in-18).

334. Éloge de J.-J. Rousseau, en vers. Par *Roucher*.

Imprimé dans le poëme des Mois, chant V^e (juillet).

335. Éloge de J.-J. Rousseau. Par *Jacq. Delille*.

Dans le VIe chant de l'Imagination.

336. Tableau des mœurs de ce siècle, en forme d'épîtres; suivi du Tombeau et de l'Apothéose de J.-J. Rousseau, etc. (par M. *Baumier*). Londres, et Paris, Letellier, 1788, in-8.

337. Rhapsody (a), composed at the Tomb of Rousseau. London, 1791, in-8. (Q.).

338. Ermenonville, ou le Tombeau de Jean-Jacques (poëme, par M. *Jos. Michaud*, aujourd'hui membre de l'Institut). In-8 de 10 pag.

Tiré de la Décade philosophique, ann. 1794, tome III, page 105. L'auteur a ajouté aux exemplaires, qu'il y a fait tirer séparément, une lettre d'envoi à son frère, dans laquelle il lui rappelle les « délicieuses soirées qu'ils ont passées ensemble à étudier le Contrat social ».

339. Rousseau, ou l'Enfance, poëme, suivi des Transvétérins et de Poésies lyriques. Par *Théod. Desorgues*. Paris, 1794, in-8.

340. Hymne à J.-J. Rousseau, par *Mar.-Jos. Chénier*, représentant du peuple ; musique de Gossec, chantée à la fête du 20 vendémiaire an III.

Voyez la Décade philosophique, tome III, p. 164.

341. Épître à J.-J. Rousseau. Par M. *Poultier d'Elmotte*.

Imprimée dans l'Esprit des journaux, mars 1790, et dans les « Discours décadaires » de l'auteur (Paris, 1798, in-8 de 106 pag.).

342. Jean-Jacques Rousseau et l'abbé Legris-Duval, dialogue en vers. Par M. *Ch. Brifaut*, de l'Académie française.

Imprimé dans les Dialogues, Contes et autres poésies de l'auteur (Paris, 1824, in-18), tom. Ier, page 33.

343. Épitre à Jean-Jacques Rousseau, qui a remporté le prix de poésie décerné par l'Académie française, dans la séance publique du 25 août 1826, et dont le sujet était : le legs et fondation de M. Montyon en faveur des hospices et des académies. Par *Alfr. de Wailly*. Paris, F. Didot, 1826, in-4.

344. Chant premier en l'honneur de Rousseau. — Épître à Rousseau. Genève, 1829, in-8. (Q.).

Description des lieux habités par J.-J. Rousseau.

345. Vues de différentes habitations de J.-J. Rousseau, avec son portrait et le *fac-simile* d'un air de sa composition, pour faire suite à ses OEuvres. Paris, à la lithographie de M. de Lasteyrie, 1819, in-4.

346. Notice sur les Charmettes, vallon des environs de Chambéri, à l'usage des voyageurs qui visitent la retraite de J.-J. Rousseau ; par M. *Raymond*, propriétaire actuel de cette maison. Genève, et Paris, Paschoud 1811, in-8 de 69 pages. —

Deuxième édition, revue et retouchée. Chambéri, Ch. Cléaz, 1817, in-8 de 70 pages.

347. Ile (l') de Saint-Pierre, dite l'île de Rousseau, dans le lac de Bienne (décrite par M. *Wagner*, avec 12 fig., par MM. *Konig*, de *La Fon*, *Lory*, et un anonyme). Berne, chez Lory et C. Rheiner, peintres (vers 1810), in-4 de 56 pag.

348. Description d'une partie de la vallée de Montmorency et de ses plus agréables jardins, ornée de gravures, par M*** (*Le Prieur*), ancien professeur de grammaire à l'École militaire. Tempé et Paris, Moutard, 1784, in-8.

Il y a des exemplaires qui portent le nom de l'auteur.

349. Ermitage (l') de J.-J. Rousseau et de Grétry, poëme en huit chants, avec un prologue; orné de portraits, *fac-simile*, d'un ancien plan de l'Ermitage, de différentes vues, dédié à S. Exc. don Pèdre de Menezès, marquis de Marialva, grand écuyer de S. M. T. F., son ambassadeur près la cour de France, etc.; par *L.-V. Flamand-Grétry*. Paris, 1820, in-8.

350. Voyage d'Ermenonville, à M. le comte de Cassini, par M. de *Mayer*. Impr. dans le tom. III du Recueil amusant de voyages, en vers et en prose. Paris, Nyon l'ainé, 1797, petit in-12.

351. Promenade, ou Itinéraire des jardins d'Ermenonville (par le comte *Stan. Girardin*), auquel on a joint vingt-cinq de leurs principales vues. Paris, 1788, in-8; ou Paris, Brunot-Labbe, 1811, in-8.

352. Voyage à Ermenonville (par *Le Tourneur*). Impr. en tête du premier volume du Rousseau de Poinçot. Voyez le Journal de Paris, année 1788, n° 251.

353. Voyage à l'île des Peupliers, par *Arsène Thiébaut*. Paris, Lepetit, 1799, in-8. — Nouvelle édition, très-augmentée sous le titre de Voyage à Ermenonville. Paris, 1820, in-12.

354. Voyageur (le) curieux et sentimental, ouvrage en deux parties, contenant : 1° le Voyage de Chantilly et d'Ermenonville; 2° le Voyage aux îles Boromées, par M. *Damin*. Toulouse, 1800, in-8.

Ce voyage d'Ermenonville ne se retrouve qu'en partie dans le tome IV des *Voyages en France et autres pays*. Paris, 1808, petit in-12.

355. Description d'Ermenonville en 1810, par *F. Fayolle*. Impr. dans le Magasin encyclopédique du mois de mars 1811, pag. 280 et suiv.

356. Lettres à Sophie, ou Itinéraire de Paris à Montmorency, à l'Ermitage et à l'île des Peupliers, en passant par Chantilly, avec des détails historiques sur le séjour de J.-J. Rousseau dans ces divers lieux; par M. *** (*Le Normant*), avocat. Paris, Nève; et Caen, Leroy, 1813, in-8 de 85 pag.

357. Voyage à Ermenonville, dédié à ma femme; suivi de Poésies diverses, par *F.-L.-J.* (*Jourdan*). Paris, imprimerie de Brasseur ainé, 1813, in-18.

358. Voyage à Ermenonville, poëme en trois chants, suivi de quelques pièces détachées; par *A.-J.-P.-L. Cohen*. Paris, Delaunay, 1814, petit in-12.

359. Voyage d'Ermenonville, par un anonyme. Impr. dans le ive volume de la troisième édition du Recueil des Voyages en France et autres pays. Paris, 1817.

360. Voyage à Ermenonville, par madame de *Genlis*. Impr. dans les Voyages poétiques d'Eugène et d'Antonie. Paris, 1818, in-12, pag. 85 et suiv.

361. Lettres à Jennie sur Montmorency, l'Ermitage, Ermenonville, etc.; par M. *F. L.* (*F. Le Normant*). Paris, 1818, in-12.

C'est une nouvelle édition augmentée des *Lettres à Sophie*. (Voy. n° 357).

362. Voyage à Ermenonville, ou Lettres sur la translation des restes de J.-J. Rousseau au Panthéon. In-8 de 47 pag., sans date et sans nom d'auteur.

Écrits relatifs aux monuments consacrés à la mémoire de J.-J. Rousseau : tombeaux, statues, etc.

Le corps de J.-J. Rousseau, embaumé et mis dans un cercueil de plomb, fut inhumé le 4 janvier 1779, dans l'île des Peupliers dépendante du parc d'Ermenonville, sous une tombe décorée et élevée de six pieds. Les restes de Rousseau furent, en vertu d'une loi, exhumés de ce tombeau, et transportés en grande cérémonie au Panthéon, le 20 vendémiaire an III (11 oct. 1794). « Long-temps avant « nos désastres, et même dans le temps le plus « brillant de l'Empire français, le marquis de Gi- « rardin obtint l'assentiment de Napoléon pour « une nouvelle translation des cendres de Rous- « seau à Ermenonville. Napoléon voulait même que « cette translation fut l'objet d'une cérémonie d'é- « clat égale à celle qui, dans la translation de Fer- « ney à Paris, avait eu lieu pour le corps de Vol- « taire ». Cette idée, au moins singulière, vu l'o- « pinion personnelle de Napoléon relativement à « Rousseau, trouvera son explication naturelle dans « une circonstance toute particulière : c'est qu'à « cette époque, le « Journal de l'Empire » déve- « loppait chaque jour, avec plus de complaisance « et de hardiesse les doctrines les plus favorables « au retour des idées anti-républicaines, et que le « chef du gouvernement, trouvant, sans doute, la « marche du Journal trop rapide, voulait, sans s'y

« opposer directement, en balancer, jusqu'à un
« certain point, l'accélération, ou, au moins, don-
« ner aux esprits prévenus un motif quelconque de
« douter de son assentiment. Si la chose ne resta
« pas indécise, au moins on fut quelque temps
« sans s'occuper de la nouvelle translation, et,
« dans ce torrent d'affaires publiques, qui alors,
« plus que jamais, entraînait tout, c'était assez
« pour qu'elle fût bientôt perdue de vue ». (G. PE-
TITAIN, *Addition à l'Appendice aux Confessions*).

Les cendres de Rousseau restèrent donc au Panthéon; mais le 29 décembre 1821, ces cendres et le
tombeau qui les renferment furent relegués dans
un caveau privé d'air, avec le tombeau de Voltaire.
L'entrée de ce caveau fut murée. Cette précaution
infernale donna une action telle à l'humidité, que
le 20 août 1830, lorsqu'on voulut remettre ces
sarcophages à leur place d'honneur, dans l'église
souterraine du Panthéon, les plus grandes précau-
tions ne purent qu'en partie les préserver de la
ruine.

Le monument en pierre de l'île des Peupliers est
de feu Lesueur, statuaire, qui, dans le bas-relief
de la face principale du sarcophage, a su parfaite-
ment caractériser l'homme de la nature. Le tombeau du Panthéon est dû à feu Thibault, archi-
tecte. Le philosophe de Genève, comme celui de
Ferney, repose dans un sarcophage en bois et en
plâtre. Si, par sa matière, le tombeau de J.-J. est
indigne du personnage dont il contient les dépouilles
mortelles, sous le rapport de l'art, il a un véritable mérite, celui de rappeler les mœurs, le caractère de Rousseau. La chaumière sous laquelle il
trouva ses plus nobles inspirations, la mère allai-
tant elle-même ses enfans; cette main armée d'un
flambeau, qui sort d'une porte entr'ouverte, comme
pour éclairer le monde dans les âges futurs, sont
des allusions aussi ingénieuses que significatives,
dont toutes les personnes qui ont lu les Œuvres
de Rousseau apprécieront la justessse.

On trouve dans les « Monuments funéraires »,
publiés par M. Normand fils, planches 46 et 50, la
gravure des deux tombeaux de Rousseau.

Peu d'années après la mort de Rousseau, M. Argant, citoyen de Genève, lui fit ériger une statue,
comme à l'auteur d'Émile; on la plaça dans la
campagne de M. Coustant, près de Genève.

Houdon a deux fois immortalisé les traits de
Rousseau : d'abord par un masque de plâtre, moulé
sur la figure de Rousseau peu d'heures après sa
mort. Ce masque a été vendu 1800 fr. à M. Gos-
suin fils, en 1822; ensuite par un buste supérieu-
rement exécuté, qu'il fit en 1779, presque en même
temps que ceux de Voltaire et de Franklin.

Selon M. Lakanal, dans son Prospectus des Manuscrits de Rousseau, une médaille aurait été frap-
pée à Genève, lorsque cette république vengea so-
lennellement J.-J. Rousseau des outrages faits à sa
mémoire. M. Lakanal s'était proposé d'en donner la
gravure.

« Trois fois successivement l'autorité publique en
France a décidé l'érection d'une statue en l'honneur
de Rousseau, et ces décisions sont toutes restées
sans effet. Cette singularité pour un genre d'honneur que, fort de sa conscience, et dans le vif
sentiment de tout ce qu'il valait, notre philosophe
n'avait pas craint de demander pour lui-même, en
quelque sorte, s'explique naturellement par les
circonstances dans lesquelles chacune des décisions
eurent lieu. Mais elle n'en est pas moins propre à
provoquer les réflexions sur la vanité des choses
humaines, et particulièrement sur l'étrange versa-
lité de l'opinion publique en France, qui, soit
favorable, soit contraire, n'offre trop souvent, en
dernier resultat, qu'une matière nouvelle à des re-
proches que l'étranger nous fait depuis si long-
temps. Quoi qu'il en soit, cet honneur public, inu-
tilement projeté en France pour l'auteur d'*Émile*,
lui est enfin assuré dans sa patrie; et, par les circonstances qui s'y joignent, on peut croire que.
s'il revenait à en être témoin, il en serait plus flatté
que de tous ceux dont, jusqu'à présent, il a été ou
devait être l'objet, même dans notre nation, où
cependant il n'avait pas moins droit de l'attendre »
(G. PETITAIN, *Addition à l'Appendice
aux Confessions*).

La belle statue de Rousseau, due au ciseau de
M. Pradier, a été transportée à Genève, et érigée
dans une petite île de cette ville, à la sortie du
Rhône.

Les citoyens de Genève, les plus capables d'ap-
précier tout ce que doit leur patrie à celui qu'on a
spécialement désigné par le titre de *philosophe de
Genève*, titre honoré par d'immortelles productions,
avaient senti qu'un digne monument lui était dû
à tous égards, et, réunis à quelques étrangers,
ils avaient demandé, en 1818, une statue au célèbre Canova. Une souscription volontaire fut ouverte à Genève, et, en peu de temps, remplie.
M. de Candolle avait été chargé d'en suivre et pres-
ser l'exécution; mais Canova est mort sans avoir,
selon toute apparence, donné le premier coup de
ciseau pour cette statue ». (G. PETITAIN, *Addition à
l'Appendice aux Confessions*).

Le portrait de Rousseau a été gravé une multi-
tude de fois; mais le plus authentique est celui en
costume d'arménien, qui a été fait au pastel par
Latour.

La copie en a été exécutée par Gérard, il y a
plus de quinze ans, à la demande du duc d'Orléans,
aujourd'hui roi des Français. Cette copie fait partie
de la galerie du Palais-Royal. Ce portrait a été
lithographié par M. . . . . dans l'Iconographie
des contemporains, publiée par M. Delpech, et
dans la Galerie de Mgr le duc d'Orléans, avec une
Notice par M. *Vatout*.

363. Lettre à M. Fréron, sur le monument élevé à la mémoire de J.-J. Rousseau,
par M. Argant, Génevois.

Imprimée dans l'Année littéraire, 1779, et dans
l'Esprit des journaux.

364. Réflexions sur les Concours en général, et sur celui de la statue de J.-J.
Rousseau en particulier; par *Houdon*,
sculpteur du roi. Sans date, in-8 de 13
pages.

365. Sur le monument consacré à la mémoire de J.-J. Rousseau, d'après un arrêté
du Conseil des anciens, et dont le citoyen
Masson vient de terminer le modèle. . . . .

Voyez un article signé L. Lefèvre (de Vaucluse),
dans le Journal de Paris, du 10 prairial an VIII
(1800).

366. Lettres de MM. *Fazy-Pasteur, Pradier*, et autres membres du comité chargé
d'ériger une statue à J.-J. Rousseau, au
sujet de cette érection. Genève, 1828,
in-4. (Q.).

367. Statue (la) de Rousseau, par M. *Cé-
sar Malan*. Genève, 1828, in-8. (Q.).

368. Considérations suggérées à un sous-
cripteur au monument de Rousseau, par
la lettre de M. Malan aux membres du comité. Genève, 1828, in-8. (Q).

369. Dialogue entre *Juinte* et *Métra*, horlogers, au sujet de la statue de J.-J. Rousseau. Genève, 1828, in-8. (Q.).

370. Quelques Réflexions sur l'érection d'une statue de J.-J. Rousseau, par *A. Duvillard*. Genève, décembre 1828, in-8. (Q.).

371. Mon idée, ou le Vœu d'un cœur genevois. Par un ancien membre du conseil général. Genève, 1829, in-8. (Q.).

372. Thoughts of a stranger on the statue to Rousseau. Geneva, 1829, in-8. (Q.).